HADRIANS VILLA

Texte von
Benedetta Adembri

Ministero per i Beni e le Attività Culturali
Soprintendenza Archeologica per il Lazio

HADRIANS VILLA

Electa

Umschlag
Villa Hadriana, Canopos.

Übersetzung
Petra Arndt

© 2000 Ministero per i Beni e le Attività Culturali
Soprintendenza Archeologica per il Lazio
Herausgegeben von Electa, Mailand
Elemond Editori Associati
Alle Rechte vorbehalten

Inhalt

- 8 Hadrian
- 20 Das Architektonische Bauvorhaben der Villa
- 48 Die Wiederentdeckung der Villa
- 50 **Die Gebäude der Villa**
- 52 Poikile
- 55 „Cento Camerelle" (Hundert Kämmerchen)
- 56 Thermen mit Heliocaminus (Solarium)
- 59 Saal der Philosophen
- 60 Teatro Marittimo (auch Inselvilla genannt)
- 63 Bibliothekenhof
- 63 Bibliotheken
- 65 Hospitalia und Kaiserliches Triklinium
- 67 Terrasse und Pavillon des Tempe-Tals
- 67 Kaiserlicher Palast
- 69 Gebäude mit Dorischen Pfeilern
- 70 Piazza d'Oro
- 77 Kaserne der Wachtmannschaft
- 78 Gebäude mit Fischteich
- 80 Nymphäum-Stadion
- 82 Kleine Thermen
- 84 Große Thermen
- 86 Prätorium
- 87 Canopos
- 101 Turm von Roccabruna
- 101 Vestibül
- 102 Gebäude mit Drei Exedren
- 106 Nymphäum mit Venustempel
- 108 Griechisches Theater
- 110 Bibliographie

❶ Teatro Marittimo
(auch Inselvilla genannt)
Es wird so wegen seiner Form und den an Meeresfauna- und flora inspirierten Motiven genannt und steht auf einer kreisrunden Insel von zirka 25 m Durchmesser, die von einem Kanal umgeben ist.
In das Theater gelangte man über zwei Zugbrücken, die später durch gemauerte Brücken ersetzt wurden.

❷ Piazza d'Oro
Es handelt sich hier um ein Peristyl (Hof mit Säulengang) mit zentralem Wasserbecken und Gartenanlagen. Auf den Schmalseiten befindet sich im Norden ein Vestibül und im Süden ein polygonaler Raum. Die Piazza d'Oro ist von allen Anlagen in der Villa Hadriana die größte. Wahrscheinlich diente sie Hadrian zum Empfang des Hofstaates und der Diplomaten.

❸ Saal mit Drei Exedren
Es handelte sich hier wahrscheinlich um eine *coenatio*, also um einen Speisesaal. Der Raum ist rechteckig und drei der vier Wände besitzen auf der Außenseite halbkreisförmige, von einem Portikus umgebene Felder. Statt der Nordwand gab es an ihrer Stelle einen Monumentalbrunnen.

❹ Poikile
Dies war ein großer, von vier Säulengängen umgebener Hof von 232 m Länge und 97 m Breite mit gebogenen Schmalseiten.
Das Wasserbecken in der Mitte war 106 m lang und 26 m breit. Auf der Nordseite befand sich ursprünglich ein *porticus miliaria*, also ein Portikus, dessen Länge der von den Ärzten für den Verdauungsspaziergang empfohlenen Dauer entsprach.

❺ Die Thermen
Die Kleinen Thermen mit ihren bescheidenen Ausmaßen sind um einen achteckigen Innenraum herum gebaut, der durch große Fenster erhellt wurde. Die Großen Thermen waren zwar weitläufiger, jedoch unter architektonischem Gesichtspunkt weniger originell. Als einer der bemerkenswerten Räume ist das *frigidarium* zu nennen.

❻ Canopos
Das längliche Wasserbecken im Zentrum sollte an den Kanal erinnern, der von Alexandrien nach Canopos, einer Siedlung am Nildelta, führte, die der architektonischen Anlage auch ihren Namen verleiht. Eine große Exedra (mit einem Durchmesser von 15 m) stellte eine Verbindung vom Wasserbecken zum nächsten angrenzenden Gebäude her.

Hadrian

Hadrians Stammbaum.

Publius Aelius Hadrianus wurde 76 n. Chr. wahrscheinlich in Italica (bei Sevilla) geboren. Seine Familie stammte aus Hadria im Picenum und war schon lange vorher in die spanische Provinz Baetica übergesiedelt. Nach dem frühen Tod seines Vaters Hadrianus Afer wurde Hadrian von Trajan, einem kinderlosen Cousin seines Vaters, aufgenommen und in dessen Hause erzogen. Im Gefolge dieses Kaisers machte er eine steile Karriere beim Militär, wo er seine besondere Begabung im Umgang mit Waffen und strategischen Operationen unter Beweis stellte, so dass er sehr bald in den Generalstab des Heeres aufgenommen wurde (101 – 102 n. Chr.). Danach wurde er zum Tribun des Plebs, dann zum Prätor und schließlich zum Gouverneur ernannt: zunächst zum Gouverneur Pannoniens (107 n. Chr.) und später, im Jahre 114 oder 117, Syriens. In Antiochia erhielt Hadrian dann auch die Nachricht vom Tode Trajans (117 n. Chr.) und seiner Erwählung zum Kaiser. Seine Thronbesteigung war nicht ganz unumstritten: Auf Grund der Tatsache, dass er eines der höchsten Ämter bekleidete und vor allem, dass er in der Gunst Plotinas stand, deren Liebhaber er angeblich gewesen sein soll und die ihn auch bei der Wahl seiner Ehefrau beraten hatte, konnte er nicht umhin, auf Kompromisse mit dem Senat einzugehen, sowie den Legionen Zuwendungen zukommen zu lassen, um das seinem Vorgänger zugetane Heer auf seine Seite zu bringen. Bekanntlich wurde im Jahre 118, während Hadrian in den Donauprovinzen Abwehr-

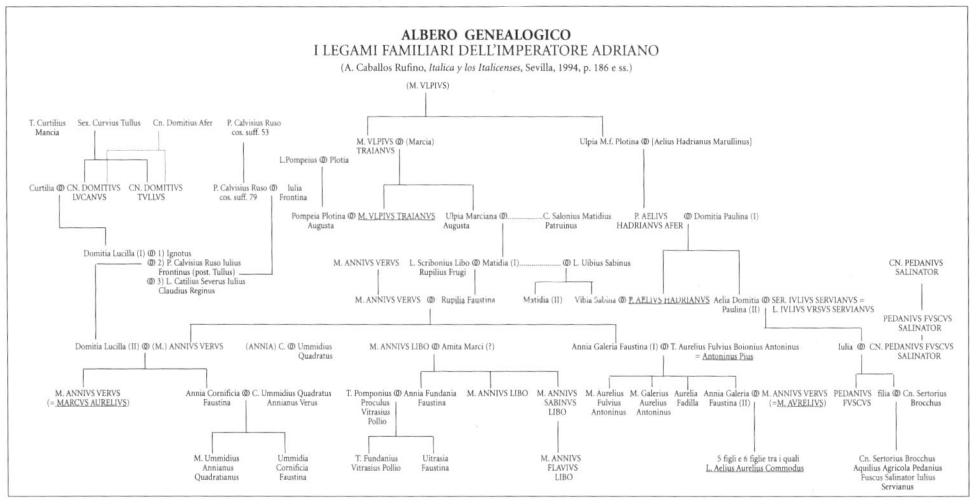

kräfte gegen die Sarmaten ausbaute, eine Verschwörung der trajantreuen Offiziere gegen ihn aufgedeckt. Es ist allerdings verständlich, dass die offizielle Adoption Hadrians und seine gleichzeitige Ernennung zum Kaiser, von der Witwe erst einige Tage nach dem Tode Trajans bekannt gegebene Umstände, damals den Verdacht aufkommen ließen, dass sich die Ereignisse unter nicht ganz klaren Umständen abgespielt hatten. Sicher hatte sich Hadrian schon seit langem auf die Nachfolge vorbereitet und dazu auf verschiedenen Ebenen Trajans Einverständnis gesucht, auch indem er manche seiner Gewohnheiten änderte und zum Beispiel Wein trank, nur um dem Kaiser zu gefallen. Die unbestreitbaren Charaktervorzüge, die seine Zeitgenossen ihm zugestehen mußten, wie insbesondere eine hohe Intelligenz gekoppelt mit bemerkenswerter Willenskraft, haben sicherlich dazu beigetragen, dass er seine Zielsetzungen erreicht hat. Bezeichnend ist in dieser Hinsicht eine Anekdote, nach der Hadrian sich mit großer Hingabe dem Studium des Lateinischen widmete, nachdem der damals Fünfundzwanzigjährige bei einer Rede ausgelacht worden war, in der seine Herkunft aus der spanischen Provinz zu erkennen war. Nach kurzer Zeit beherrschte er die Sprache so gut, dass er einige Jahre später nach dem Tode Licinius Suras dessen Aufgabe bei der Vorbereitung der offiziellen Reden Trajans übernehmen konnte. Um das Jahr 100 n. Chr. heiratete Hadrian, wahrscheinlich auf Plotinas Anraten, Vibia Sabina, Tochter von Trajans Nichte Matidia, doch war diese Ehe nicht glücklich: Sabina hat den Kaiser gemäß der ihr zustehenden Rolle zwar auf seinen offiziellen Reisen begleitet, doch ließ Hadrian sogar verlauten, dass er sich von seiner Frau hätte scheiden lassen, wenn er ein gewöhnlicher Bürger gewesen wäre. Tatsächlich ließ er Septicius Clarus, den Präfekten von Trajans Prätorium, sowie den Literaten und ehemaligen Sekretär Suetonius Tranquillus aus Rom entfernen, weil diese in seiner Abwesenheit wohl zu oft in seinem Hause verkehrten. Genauer betrachtet, beruhen die ehelichen Uneinigkeiten aber auf politischen Gründen: Sabina hatte einen Kreis von Vertretern traditionalistischer Strömungen um sich versammelt, der gleichsam ihren persönlichen Hofstaat bildete, was Hadrian mit Mißbehagen sah, weil er darin eine interne Opposition fürchte-

Portrait Hadrians, Vaison-la-Romaine.

Büste Hadrians,
aus Italica (Baetica)
Sevilla, Archäologisches
Museum.

te. Sogar Sabinas Tod (137 n. Chr.) war für das Image des Kaisers nicht ohne Folgen, denn man verdächtigte ihn sogar des Mordes an seiner Gattin: Diese Anschuldigung macht uns auch deutlich, in welch niedrigem Ansehen der Kaiser, vor allem in den letzten Jahren, bei der Bevölkerung stand, was dann auch der Grund dafür war, warum der kranke Kaiser bei seinem Tod in Baiae (138 n. Chr.) ganz allein war. Da er selbst keine Kinder hatte, adoptierte er vor seinem Tod Antoninus Pius, dem es nur mit Mühe gelang, Hadrian die Ehre der Vergöttlichung Teil werden zu lassen, so groß war die Mißgunst gegenüber Hadrian seitens der Senatoren.

Was Hadrians Charaktereigenschaften betrifft, so ist die Aelius Spartianus zugeschriebene Biographie *Vita Hadriani* unsere reichste Informationsquelle. Sie ist Teil der unter dem Titel *Scriptores Historiae Augustae* bekannten Sammlung über das Leben der Kaiser und stammt aus dem 4. Jahrhundert n. Chr.: Hier findet sich zumindest ein Teil der Aufzeichnungen aus der Autobiographie, die der Kaiser persönlich geschrieben hat, jedoch nicht unter seinem eigenen Namen veröffentlichen wollte, sowie Informationen aus anderen, dem Kaiser nicht immer wohl gesonnenen Quellen, wobei die Vermischung der Fakten Grund für Unstimmigkeiten und Widersprüchlichkeiten in der Charakterbeurteilung ist. Hadrian wird hier als groß, stämmig und sich elegant bewegender Mensch beschrieben, mit feinem Haar, und, - im Gegensatz zu den vorhergehenden Kaisern - als Bartträger; er führte ein genügsames Leben, vielleicht weil er lange Jahre auf mühevollen Feldzügen verbracht hatte, wo er seinen Mut, seine Kühnheit und auch seine Fähigkeit unter Beweis gestellt hatte, unvorhergesehene Situationen beurteilen zu können und dabei die jeweils richtige Entscheidung zu treffen vermochte. Außerdem war er sein ganzes Leben lang ein leidenschaftlicher Jäger, der keine Gefahr scheute. Er war ein so großer Verehrer der griechischen Kultur, dass man ihn *graeculus* nannte, auch war er sehr gebildet, wobei ihm sein bemerkenswertes Gedächtnis half, was ihm die Kenntnis verschiedener Wissensbereiche ermöglichte, von der Arithmetik bis zur Geometrie, von der Literatur zu den Künsten, mit denen er sich aus Liebhaberei beschäftigte, indem er Gedichte schrieb und Bilder malte. Die vielfältigen Aspekte seiner komplexen Persönlichkeit umfaßten auch seine Tätigkeit als Architekt, eine Aufgabe, der er sich mit Begeisterung widmete, bei der er Gebäude mit ungewöhnlichen Formen entwarf, die eine besondere Eigenart aufwiesen, nämlich die gewagten Gewölbe: Dies wird von einer Anekdote bestätigt, die von der Auseinandersetzung mit Apollodor aus Damaskus berichtet, dem offiziellen Architekten Trajans, der Hadrians Kuppeln kritisiert hatte, indem er sie als Kürbisse bezeichnete, weshalb er später, nachdem Hadrian Kaiser geworden war, zum Tode verurteilt wurde. Die literarischen Quellen beschreiben den Kaiser als gleichzeitig verschwenderisch und geizig, als tolerant und als jähzornig, als jemanden, der sich einfachen und bescheidenen Menschen gegenüber offen zeigte, doch auch als trübsinnigen und in der Freundschaft unbeständigen Menschen. Was tatsächlich aus dieser Beschreibung hervorgeht, ist die Unberechenbarkeit seines Charakters, außerdem lässt sie uns große Schwierigkeiten im Umgang mit seinen Mitmenschen vermuten, was in den Worten des Rektors Fronto Bestäti-

Landkarte des Imperiums unter Hadrian.

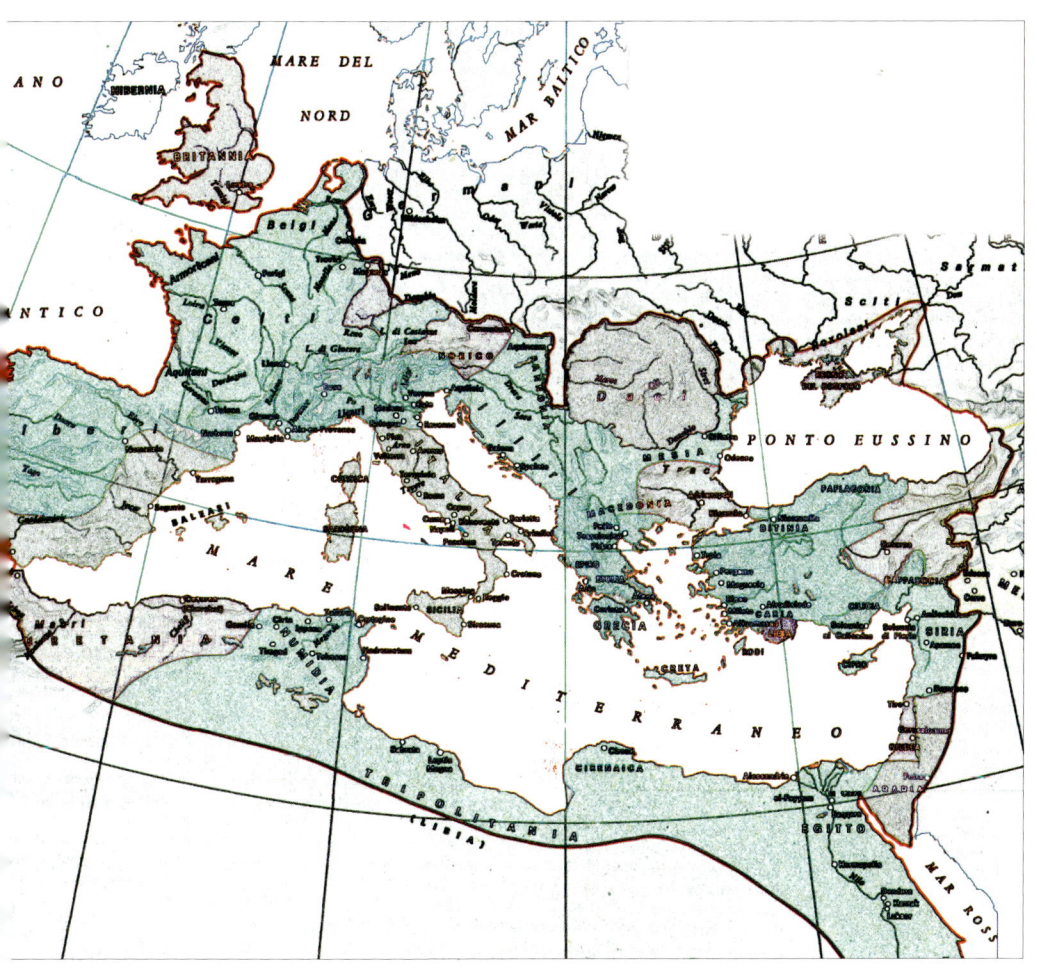

gung findet, der sich in einem Brief an Mark Aurel für seine extreme Vorsicht während der Herrschaft Hadrians fast zu entschuldigen scheint und sein Verhalten mit der Angst, dem Kaiser zu missfallen, rechtfertigt.

Die politischen Aktivitäten Hadrians hingegen sind uns durch seine Unternehmungen bekannt, die durch zahlreiche Gedenkinschriften, Bebilderungen und Aufschriften auf den Münzen aus Hadrians Herrschaftszeit dokumentiert sind. Nachdem er als Kaiser im Jahre 118 gerade in Rom angekommen war, widmete er sich einer Reihe von Finanzreformen, wobei er auch Eingriffe bei der herrschenden Klasse für notwendig hielt und durch Ernennung neuer Beamter einen Wechsel in den führenden Positionen erwirken wollte. Im Rahmen dieser Reformen begab sich der Kaiser in die verschiedenen Provinzen, um die Situation höchstpersönlich zu kontrollieren. Besonders am Herzen lag ihm die Rechtssprechung, weshalb er sich der Mitarbeit eines Experten auf diesem Gebiet, Salvius Iulianus, bediente, um einen neuen Kodex auszuarbeiten, wobei er darauf achtete, nichts auszulassen, wie zum Beispiel die Verbesserung der Lebensbedingungen der Sklaven. Trotz seiner militärischen Begabung, war Hadrians Politik ganz auf Friedensschaffung ausgerichtet, womit er sich vom expansionistischen Drängen der trajanischen Ära entfernte, denn das hatte das Reich zur ständigen Kriegsführung gezwungen. Zu diesem Zweck widmete er der Befestigung der Grenzen ganz besondere Aufmerksamkeit; er bezog feste Stellung längs der Donau und des Rheins, wo er das Heer neu organisierte und gewaltige Wehranlagen bauen ließ, die er persönlich kontrollierte. In Britannien ließ er an der Grenze zu Schottland den berühmten Wall errichten, während er es im Osten vorzog, sich aus Armenien, Mesopotamien und Assyrien zurückzuziehen, weil sich die römische Herrschaft hier nicht beständig hatte durchsetzen können. Er versuchte, freundschaftliche Beziehungen zu den Parthern anzuknüpfen und generell vermied er es, eine repressive Politik durchzusetzen, mit Ausnahme der Region Judäa, die Syrien angegliedert wurde.

Er bemühte sich darum, den Provinzen Antrieb zu geben, indem er die Verkehrswege verbesserte und sicherer gestaltete. Die Anzahl der Häfen und Städte wurde erhöht, um den Handel anzukurbeln und die freie Beweglichkeit von Angehörigen verschiedener Volksgruppen zu fördern: Seine multiethnische Zusammensetzung überwindend, gelangte das Reich so zu einer Einheit und baute auf wirtschaftlichem Wohlstand auf, was sich in einer gewissen Autonomie der Provinzen ausdrückte. Vielleicht bedingt durch die Tatsache, dass er selbst ein „Provinzler" war, sah sich Hadrian verpflichtet, Gestaltung und Funktionalität der Städte zu verbessern, indem er durch den Bau von Turnhallen, Tempeln, Schulen, Werkstätten und Brunnen das Leben dort erleichterte. Besonders den Städten im griechischen Sprachraum ließ er viele Erneuerungen zukommen. Er selbst sprach und

Hadrians Reisen

Die von Hadrian eingeführte politische Kursänderung, deren Aufmerksamkeit sich auf die Entwicklung und Finanzverwaltung der Provinzen richtete, rechtfertigte zweifellos die langen Phasen, in denen der Kaiser in Rom abwesend war, die hauptsächlich dadurch bedingt waren, dass er es für erforderlich hielt, persönlich zu überprüfen, was in den einzelnen Teilen des Imperiums passierte: Offensichtlich erachtete er seine Anwesenheit dort für notwendig, um die Festigung der Macht über die Menschen und die entlegenen Gebiete zu gewährleisten, was er zu erreichen hoffte, ohne zermürbende Kriege führen zu müssen, die eine Verarmung der Bevölkerung zur Folge gehabt und damit gefährliche Unzufriedenheit geschürt hätten.

Neben diesen politischen Beweggründen wurde Hadrian allerdings auch durch die Neugier auf die Reise getrieben, die in der Natur dieses gebildeten Menschen lag, der stets offen war, etwas Neues dazuzulernen und sowohl die berühmten Schauplätze der Geschichte zu sehen wünschte, als auch die ihm unbekannten Regionen kennen lernen wollte, angezogen von der Möglichkeit, seine Kenntnisse auf allen Gebieten zu erweitern. Als er von seiner ersten Reise über Sizilien nach Italien zurückkehrte, ließ er es sich nicht entgehen, den Ätna zu besteigen, um diesen Vulkan aus der Nähe zu betrachten. Ein anderes Mal nutzte er einen Griechenlandaufenthalt, um sich den Eleusinischen Mysterien anzunähern und, angetrieben von einem Interesse an religiösen Praktiken esoterischen Charakters, darin einweisen zu lassen. Die großen Reisen Hadrians während seiner Herrschaftszeit, von denen eine jede mehrere Jahre dauerte, fanden in zwei Zeitabschnitten statt, in den Jahren 121 bis 125 und zwischen 128 bis 133-134 n.Chr.

Seine erste Reise führte nach Norden. Er besuchte Gallien, Germanien und Britannien, bis zur nördlichen Grenze zu Schottland, wo er den berühmten Wall errichten ließ. Auf der Rückreise über Gallien machte er in Nimes Halt, wo er zu Ehren von Trajans Gattin Plotina eine Basilika bauen ließ. Von dort aus bereiste er Spanien, wo er sich in Tarragona aufhielt: Hier ordnete er die Restaurierung des Augustustempels an und reiste über die Meeresenge von Gibraltar weiter nach Afrika und von dort aus in die von den Parthern bedrohte Provinz Syrien. Von da ab beginnt die erste Reise in den Orient und nach Griechenland, von der ein genauer Reiseweg nicht für alle Zeitabschnitte bekannt ist: Sicher durchreiste er Kleinasien, wo er höchstwahrscheinlich den jungen Antinoos kennenlernte, und fuhr dann zu Beginn des Sommers 124 weiter nach Asien. Auf dem Rückweg hielt es sich er mehrere Monate in Griechenland auf, hauptsächlich in Athen, wo er ein zweites Mal zum Archont und zum Richter bei den Festen zu Ehren des Dionysos gewählt wurde. Er fuhr nach Eleusis, wo er in die Mysterien eingeweiht wurde, und besuchte Zentralgriechenland. Im Sommer des Jahres 125 machte er sich schließlich auf den Rückweg nach Italien, der über Sizilien führte und wo er den Ätna bestieg.

Noch länger war die zweite Reise des Kaisers außerhalb Italiens, der 128, nach einem kurzen Afrikaaufenthalt, gen Griechenland aufbrach. Wieder machte er in Eleusis und in Athen Halt, wo er sich in groß angelegten Restaurierungsarbeiten erging, die zur Fertigstellung des gewaltigen Zeustempels, des über Jahrhunderte hinweg unvollendeten Olympieions, führten. Die Athener feierten ihn, ließen zwölf Gedenkstatuen errichten, eine für jeden Stamm, und gründeten ihm zu Ehren einen dreizehnten Stamm, den sie nach ihm benannten. Sein Interesse führte ihn an verschiedene, mit der Geschichte und dem Mythos verbundene Orte Griechenlands (Argos, Sparta, Thespis), und den Städten, die er besuchte, widmete er ganz besondere Aufmerksamkeit, ließ öffentliche Gebäude restaurieren und deren Aussehen verbessern, so dass die Bevölkerung ihn als Befreier feierte. Danach reiste Hadrian nach Kleinasien, besuchte dort unter anderem die Städte Ephesos, Tralles, Antiochia, wo er als Prokurator geweilt hatte, bevor er Trajans Nachfolge antrat, fuhr dann weiter bis nach Palmyra und von dort aus nach Judäa, wo er die Kolonie Aelia Capitolina (Jerusalem) gründete. Im Sommer des Jahres 130 erreichte der Kaiserzug Ägypten, reiste nach Alexandrien, wo Hadrian sich eine Zeit lang aufhielt, und fuhr weiter nilaufwärts, um die wichtigsten Städte zu bewundern. Erschüttert durch den tragischen Tod des jungen Antinoos in den Wassern des Nils gründete er Antinoopolis und bereiste dann weitere Ortschaften Ägyptens, bis er sich 131 erneut in Athen einfindet. Gegen Ende 133 oder zu Beginn des Jahres 134 kehrt Hadrian definitiv über Pannonien nach Rom zurück.

Karte von Ägypten mit den wichtigsten von Hadrian besuchten Städten.

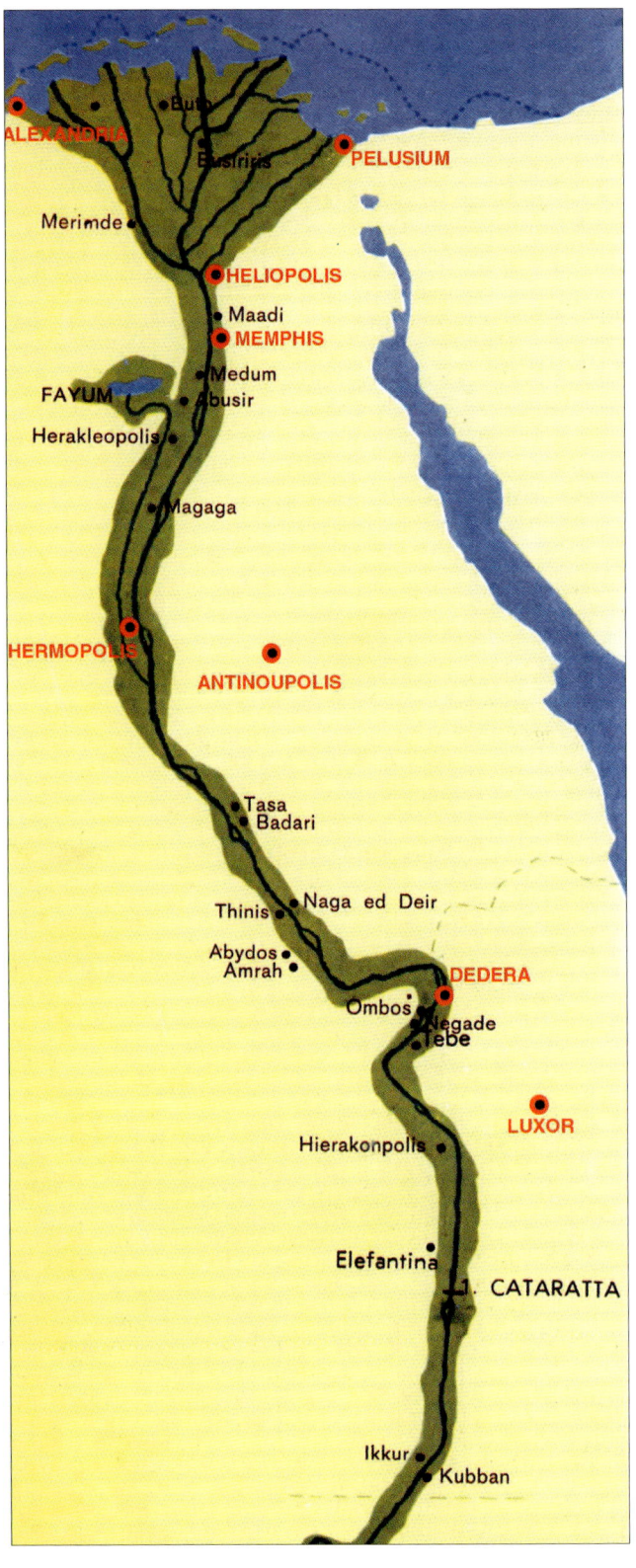

schrieb in dieser Sprache auch bei offiziellen Anlässen, und das nicht nur, weil er zweifelsohne diese Kultur liebte, sondern vor Allem aus politischen Gründen: In der dem Römischen Reich einverleibten östlichen Welt wurde, natürlich neben den einzelnen lokalen Sprachen, hauptsächlich Griechisch gesprochen. Sein Wirken in den Provinzen wird ihm von einem Literaten asiatischen Ursprungs, Aelius Aristides, anerkannt, der zum Tode des Kaisers eine öffentliche Lobesrede auf Rom hielt, in der er die Regierungsform und den Gerechtigkeitssinn bewunderte, sowie den Verdienst, in allen Städten Sicherheit und Ordnung in das Leben der Bürger gebracht zu haben und betonte, wie die Sorge für die verschiedenen Regionen des Imperiums dazu geführt habe, dass alle das Gefühl haben, Teil einer Gemeinschaft zu sein, eines großen Systems, in dem verschiedene Bevölkerungsgruppen zusammen leben können, eine jede nach ihren Bedürfnissen und Besonderheiten. Dieses positive Bild, in dem sich das aufgeklärte Programm Hadrians widerspiegelt, sollte jedoch nur von kurzer Dauer sein, denn es stieß bei der führenden römischen Klasse auf Widerstand, die mit dem Aufstieg neuer Gefolgsleute ihre eigenen Privilegien bedroht sah, außerdem bildeten die griechischen Städte, deren Entstehung und Entwicklung Hadrian gefördert hatte, nur eine Minderheit gegenüber dem restlichen Sammelsurium an Bevölkerungsgruppen, die in den weiträumigen Gebieten des Reiches ein halbnomadisches Leben führten, jegliche zivilisatorische Integration ablehnten und damit eher eine beständige Gefahr für die Sicherheit der Grenzen und die Stabilität der bestehenden Ordnung darstellten.

Die Insel Philae und das Adrianische Tor. Zeichnung aus dem 19. Jahrhundert.

Philae; das Innere des Adrianischen Tores in einem der seltenen Momenten, in denen die Sonne von außen hineindringt.
Das Relief stellt die Nilgrotte mit dem Schutzgott der Überschwemmung dar, welcher dabei ist, das Wasser sprudeln zu lassen, sowie die Göttin Hathor während einer Opfergabe für den Garten von Osiride (ein heiliger Ort), um Osiride in Gegenwart von Iside auferstehen zu lassen.
Die Gottheit ist in Gestalt eines Vogels mit Menschenkopf, dessen Gesichtszüge willentlich mit Skalpellschlägen unkenntlich gemacht worden sind, dargestellt.

Antinoos

Von dem wunderschönen Jüngling, der Hadrians Favorit wurde, berichten uns die Quellen nur ganz knapp, vor allem über sein tragisches Ende. Er wurde um 110 n. Chr. in Bithynien/ Claudianopolis, einer Stadt in Kleinasien, geboren und hat wahrscheinlich zwischen 123 und 125 auf der ersten Reise des Kaisers in den Orient dessen Bekanntschaft gemacht. Daraus würde sich Hadrians Interesse für diese Region erklären, die zu diesem Zeitpunkt nicht zu den wichtigsten des Reichs gehörte, aber dennoch, zusätzlich zu besonderen Zugeständnissen, von einer Senatsprovinz in den Stand einer Kaiserprovinz erhoben werden. Dass er im Jahre 130 im Gefolge des Kaisers war, erfahren wir aus einem Brief, den Hadrian nach seiner Abreise aus Alexandrien, einer der ersten Etappen auf der Ägyptenreise, an seinen Schwager Julius Servianus geschrieben hat und in dem er sich darüber beschwert, dass die Stadt sich ihm gegenüber undankbar verhalten habe, da man über seine ihn begleitenden Favoriten Antinoos und Verus (also Lucius Ceionius Commodus Verus, der später unter dem Namen Lucius Aelius Caesar adoptiert wurde), gelästert habe. Die Expedition befand sich auf ihrem Weg nilaufwärts, auf dem rechten Ufer von Besa, gegenüber der Stadt Hermupolis, als der junge Bithynier unter mysteriösen Umständen ums Leben kam. Die offizielle Version von Spartianus in der *Vita Hadriani* spricht von einem fatalen Sturz ins Wasser, doch seinerzeit erregte der Unfall Aufsehen, denn man meinte, dass es sich um Selbstmord (oder sogar um einen Mord) handelte, vielleicht, weil der Jüngling sich selbst geopfert hatte, um das Leben des Kaisers zu retten. Belegt ist, dass Hadrian über diesen tragischen Todesfall zutiefst verzweifelt war und seine Zuneigung gegenüber dem jungen Favoriten durch dessen unverzügliche Vergöttlichung äußerte – eine ausschließlich den Kaisern oder Mitgliedern der kaiserlichen Familie vorbehaltene Ehrung – und forderte, dass der Jüngling als eine der Gottheiten des *pantheon* angebetet würde. Hadrian errichtete dem neuen Gott zu Ehren zahlreiche Tempel und gründete sogar eine Stadt, Antinoopolis, nicht weit von dem Ort, wo sich der Unfall ereignet hatte.

Während wir nichts über Antinoos Wesen und Eigenschaften, abgesehen von seiner sprichwörtlichen Schönheit, wissen, können wir die Besonderheiten seines Aussehens aus der Betrachtung einer großen Reihe von uns erhaltenen Bildnissen rekonstruieren, angefangen bei seinem Bildnis auf Münzen, bis hin zu den Skulpturen und Reliefs. Auch wenn diese den Jüngling idealisieren, so weisen sie doch gemeinsame Züge auf, die auf das ursprüngliche Modell schließen lassen. Daraus geht ein melancholischer Charme hervor, unterstrichen durch die großen, von gebogenen Brauen eingerahmten Augen und den starken Kontrast zwischen den vollen Gesichtszügen und dem gewellten Haar mit seinen dichten Locken, die das Gesicht bis auf Ohrhöhe umrahmten. Die Fülle der Wangen und das Fehlen eines jeglichen Bartansatzes scheinen auf sein junges Alter hinzuweisen. Zu den schönsten Portraits gehören das Bronzeexemplar unbekannter Herkunft im Archäologischen Museum in Florenz, die Marlborough-Gemme und die Marmorbüste aus der Villa Hadriana in der Eremitage, die im 18. Jahrhundert in der Gegend um Pantanello herum aufgefunden wurde.

Portrait des Antinoos
in Bronze. Florenz,
Archäologisches Museum.

Portrait des Antinoos, Sankt
Petersburg, Eremitage.

Marlborough-Gemme,
Abdruck. Paris,
Privatsammlung.

Das Architektonische Bauvorhaben der Villa

Ansichten der Villa Hadriana von oben.

Die Villa Hadriana liegt auf einem tief gelegenen Plateau zu Füßen der Tiburtiner Berge und wird von zwei Wildbächen eingegrenzt, der Acqua Ferrata im Osten und dem Risicoli oder auch Roccabruna im Westen, die in einem Wassergraben zusammenfließen, um dann nicht weit von Ponte Lucano in den Aniene zu münden, dort wo die Via Tiburtina in Richtung Tivoli (*Tibur*) über den Fluss führt. Wie weit sich die Villa wirklich erstreckte, ist uns nicht bekannt, doch sie reichte sicher weiter, als heute erkennbar ist, und umfasste mindestens 120 Hektar an bebautem Gebiet und Grünflächen. Um eine so großartige Anlage schaffen zu können, beschloss Hadrian seinen Sitz von der Hauptstadt in dieses grüne und wasserreiche Gebiet zu verlegen, das einige grundlegende Anforderungen erfüllte. Es war gut zu erreichen und nicht weit von Rom entfernt (17 römische Meilen von der Porta Esquilina aus, also zirka 28 km). Über den damals schiffbaren Aniene auch auf dem Wasserweg erreichbar, verfügte das Gebiet über zahlreiche Steinbrüche zur Gewinnung von Baumaterialien – Travertin (zur Erstellung der strukturellen Bausubstanz der Gebäude der Villa notwendig), Kalkstein, Pozzuolanerde und Tuff – außerdem lag es in Reichweite der vier größten Aquädukte, die nach Rom führten und so die für Thermen und Brunnen benötigte Wasserversorgung in größeren Mengen gewährleisteten. In der Nähe befanden sich außerdem die dem Kaiser sicherlich bekannten schwefelhaltigen Heilquellen der Acqua Albule,

Nächste Seiten
Planimetrie der Villa Hadriana mit Angabe der den Gebäuden traditionell zugeordneten Namen.

1. Griechisches Theater
2. Palästra
3. Nymphäum mit Venustempel
4. Terrasse des Tempe-Tals
5. Pavillon des Tempe-Tals
6. Kaiserliches Triklinium
7. Hospitalia
8. Untere Terrasse der Bibliotheken
9. Obere Terrasse der Bibliotheken
10. Lateinische Bibliothek
11. Griechische Bibliothek
12. Bibliothekenhof
13. Kryptoportikus mit Mosaikgewölbe
14. Kaiserlicher Palast
15. Palastgärten
16. Außenperistyl
17. Piazza d'Oro
18. Gebäude südlich der Piazza d'Oro
19. Arena der Gladiatoren
20. Stadion
21. Casa colonica
22. Gebäude mit Dorischen Pfeilern
23. Kaserne der Wachtmannschaft
24. Thermen mit Heliocaminus
25. Teatro Marittimo
26. Terrasse des Teatro Marittimo
27. Saal der Philosophen
28. Poikile
29. Cento Camerelle
30. Gebäude mit Drei Exedren
31. Nymphäum-Stadion
32. Gebäude mit Fischteich
33. Quadriportikus
34. Kleine Thermen
35. Areal zwischen Großen und Kleinen Thermen
36. Kryptoportikus der Großen Thermen
37. Große Thermen
38. Vestibül
39. Pavillon des Prätoriums
40. Unterbauten des Canopos östlich
41. Unterbauten des Canopos westlich
42. Canopos
43. Roccabruna
44. Ebene von Roccabruna
45. Ebene der Akademie
46. Akademie
47. Odeon

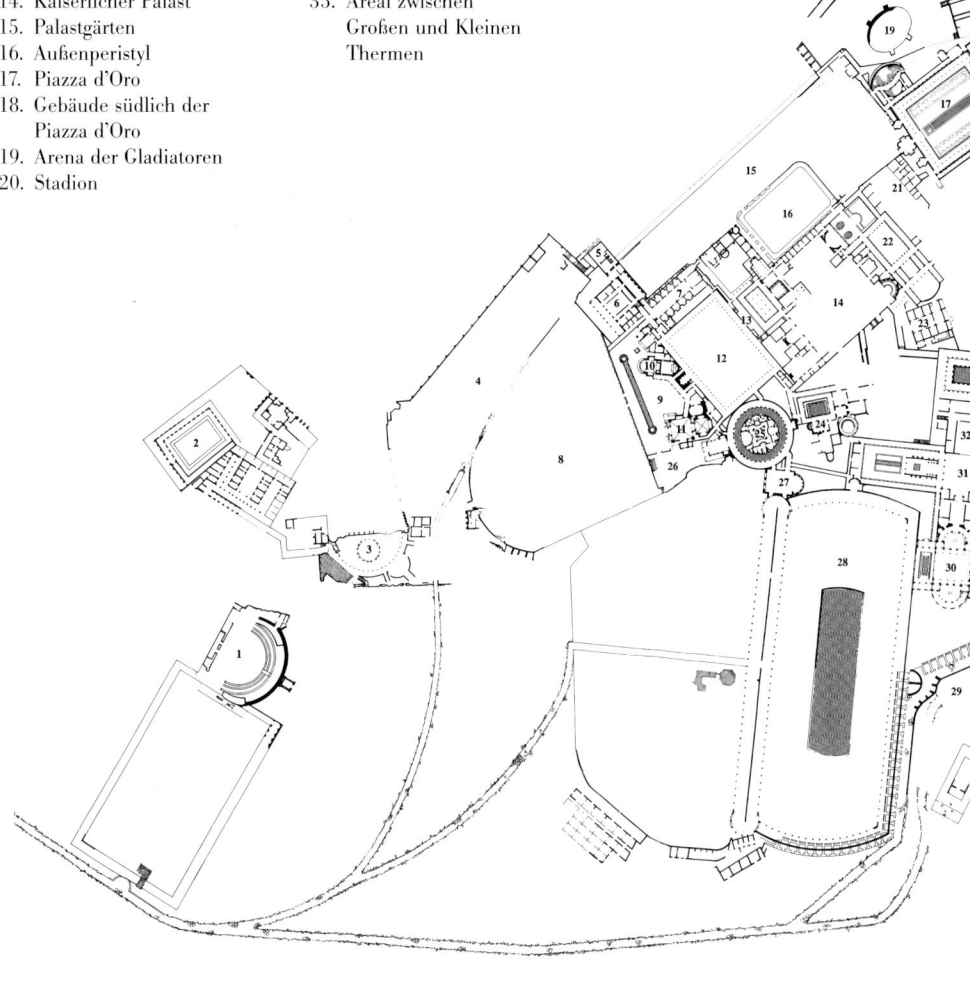

Die Gebäude, die im Plan mit den Nr. 44-47 gekennzeichnet sind, befinden sich nicht auf dem Besucherweg und sind daher nicht in die Gebäudetafeln der folgenden Seiten einbezogen.

RILIEVO RESTI ODIERNI
RILIEVO PIRANESI

VILLA ADRIANA

Harpocrates. Rom, Kapitolinische Museen.

Faun aus Marmor in *rosso antico*. Rom, Kapitolinische Museen.

die auch heute noch in den Thermalbädern von Tivoli genutzt werden.

Das heute bei einer Besichtigung zugängliche Gebiet von 40 Hektar zeigt uns eine beeindruckende und bestens gegliederte Anlage von Gebäuden verschiedener Art, Pavillons, Gärten und Nymphäen, die auf verschiedenen Achsen angelegt sind, was zwar den Eindruck von Zufälligkeit erweckt, deren Standort jedoch den Anforderungen zur Schaffung überlegter perspektivischer Ansichten gerecht wird. Die Eigentümlichkeit der Gesamtanlage und die auffallend große Fülle von Schalenkuppeln, von Kreuzkuppeln und von Schirmkuppeln, die sich mit schrägen Dächern abwechseln, wodurch ein Wechselspiel von gebogenen und geraden Linien entsteht, welches auch in der Planimetrie der Gebäude deutlich wird, hat eine direkte Beteiligung Hadrians am Entwurf seiner Residenz annehmen lassen. Dass er sich im architektonischen Entwurf versuchte, ist uns aus Cassius Diones überliefertem Bericht über eine Meinungsverschiedenheit mit Apollodor aus Damaskus bekannt, der das Werk des zukünftigen Kaisers recht kritisch beurteilt hatte. Doch noch eine weitere Quelle, Aurelius Victor, bestätigt dieses Steckenpferd des Kaisers und erläutert, dass Hadrian in seiner Villa bei Tivoli wohne und sich dort der Architektur widme. Wenn man Gebäude aus hadrianischer Zeit, wie das Pantheon oder das Mausoleum der Engelsburg, als Zeugnis nimmt, kann man darauf schließen, dass der Kaiser ein talentierter Architekt war oder zumindest mit Technikern von unbestreitbarer Bravour zusammen gearbeitet hat. Dazu gehört bei einem Teil der Bauten sicher Apollodor, dem jüngere Untersuchungen auch den Entwurf des Pantheon zuschreiben, außerdem der Architekt Decrianus, den Hadrian mit der Aufgabe betraute, den Koloss von Nero umzustellen, um Platz für den Venus und Rom geweihten Tempel zu schaffen.

Der Baukomplex entstand dort, wo ehemals eine Villa aus republikanischer Zeit stand, deren Bausubstanz dem Kaiserpalast teilweise einverleibt wurde. Will man den jüngsten Untersuchungen Glauben schenken, die sich vor allem auf das System der unterirdischen Wege sowie die Anlage der Wasserleitungen und das Kanalsystem beziehen, so ist anzunehmen, dass Hadrians Residenz das Ergebnis eines einheitlichen Entwurfs ist. Da es sich um einen höchst anspruchsvollen Entwurf handelt, ist es nicht verwunderlich, dass die verschiedenen Bauabschnitte nicht gleichzeitig entstanden sind, was auch aus den Fabrikationsstempeln der Mauerziegel hervorgeht, die nicht alle auf die gleiche

Venustempel, Detailansicht des Gebäudes (Anastylose).

Epoche zurückgehen und uns daher erlauben, die Bauabfolge in der Anlage grob auf eine Nord-Süd-Richtung festzulegen. Die Tatsache, dass während der Bauarbeiten Umgestaltungen vorgenommen wurden, die an der Struktur der Bauten und Art der Ausfachungen ablesbar sind, wie auch an nachträglichen Größenänderungen von Eingängen und der Hinzufügung von Vorbauten bei einigen Gebäuden, darf jedoch nicht als Anzeichen für einen improvisier-

Modell der Villa Hadriana, 1956 von dem Architekten I. Gismondi für das archäologische Ausgrabungsgebiet der Villa gebaut.

Villa Hadriana, Pavillon mit dem Modell, Detailausschnitt mit dem Turm von Roccabruna.

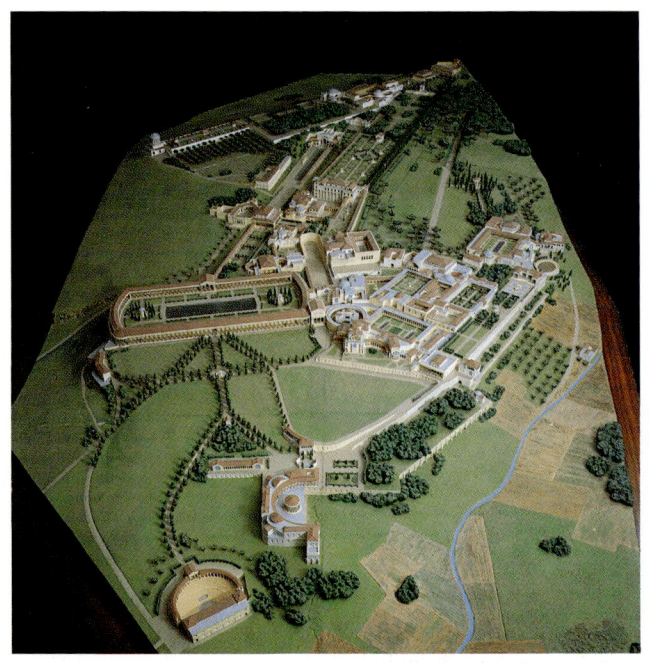

ten Entwurf gesehen werden: Höchstwahrscheinlich gehen diese Merkmale darauf zurück, dass der Kaiser, wenn er gerade in der Villa zugegen war und die Bauarbeiten verfolgen konnte, in seiner Funktion als Oberleiter direkte Eingriffe angeordnet hat.

Wenn man die Gesamtplanimetrie der Anlage betrachtet,

wird deutlich, dass ihre etwa dreißig Gebäude auf drei divergierenden Achsen stehen, von denen nur die Achse in dem Bereich, der sich um die alte Anlage aus republikanischer Zeit entwickelt hat, einen traditionellen Aufbau zeigt. Die anderen beiden weichen ganz deutlich von diesem ersten Nukleus ab und folgen anderen Entwurfsschemata, sie passen sich teilweise dem Verlauf der Landschaft an, während bei einem anderen Teil die Landschaft umgearbeitet und durch mächtige Unterbauten dem neuen Entwurf angepasst wurde. Welche Funktion die einzelnen Gebäude hatten, ist nicht immer leicht ausfindig zu machen: Sicher zu identifizieren sind die drei Thermalanlagen, deren Anzahl sich aus der hohen Zahl der Besucher der Villa ergibt, angefangen beim Hofstaat mit seinen Gästen bis hin zu den vielen Mitgliedern des Dienstpersonals am Kaiserhof. Die Poikile war für die körperliche Betätigung vorgesehen. Ihr doppelter Wandelgang im Norden ist ein *porticus miliaria* oder auch *porticus misurato*: Geht man siebenmal um die Umgrenzungsmauern, so ergibt sich exakt die Strecke von zwei Meilen, genau das Richtige für einen Verdauungsspaziergang. In direkter Verbindung zu dem Garten mit Nymphäum des sogenannten Stadions und dem Gebäude mit Drei Exedren, welche den monumentalen Eingang zu dieser Anlage von Räumen bildeten, steht der Bereich, auf dem sich der Kaiserpalast und das Gebäude mit dem Fischteich (oder auch Winterpalast, weil hier ein ganzes Stockwerk beheizt war) befindet, und es ist anzunehmen, dass sich hier die eigentliche, offizielle Residenz des Kaisers und seines Hofstaates befand. Eine weitere Gebäudegruppe, wie die „Cento Camerelle" (Hundert Kämmerchen) oder das Prätorium, deren Räume sich größtenteils auf mehrere Stockwerke verteilten und über eine hölzerne Galerie erreichbar waren, sind in die mächtigen Unterbauten der Einfassungsmauern integriert und war sicherlich den Bediensteten zugedacht: Die Gemeinschaftslatrinen lassen darauf schließen, dass hier neben den Vorratsräumen das Per-

Marmorbecher
mit Füßen in Form
von Greifskrallen,
von der Piazza d'Oro.

Marmorvase
mit reliefartigen,
florealen Dekorationen,
aus dem Canopos.

Detailansicht kleiner Wandpfeiler aus Marmor mit vegetaler Dekoration aus dem Canopos.

sonal untergebracht war. Diese Räumlichkeiten stehen in direkter Verbindung zu einem Netz unterirdischer Gänge, die zur Zeit der Errichtung der Villa die Versorgung mit Baumaterialien erleichtert haben und später dann dazu beitrugen, dass die Haushaltsführung der Villa nicht mit dem höfischen Leben in Berührung kam.

Die kaiserliche Residenz war mit einer beachtlichen Anzahl an Skulpturen ausgeschmückt, die wegen ihrer Kostbarkeit seit der Renaissance Zielobjekt systematischer und frenetischer Ausgrabungen sind. Schon vom Mittelalter an wurde die Villa ihres Marmors beraubt, der anderweitig zu verschiedensten Zwecken benutzt wurde, was zur Folge hatte, dass die Dekorationen der Villa in alle Windrichtungen verstreut wurden und fast alle wichtigen Museen und Sammlungen in Rom und in Italien, wie in ganz Europa, Exemplare aus der Villa Hadriana aufweisen können. Zählt man solche Skulpturen, deren Herkunft nicht nachzuweisen ist, nicht mit, so sind doch mindestens 500 Skulpturen bekannt, die in den verschiedenen Bereichen der Villa aufgefunden worden sind, auch wenn sich viele davon, wie die große Gruppe, die Gavin Hamilton im 18. Jahrhundert im Teich des Pantanello entdeckt hat, nicht mehr am Originalstandort befanden.

Nach eingehender Betrachtung der uns erhaltenen Skulpturen scheint es sicher, dass die Ausstattung der Räume und Plätze der Villa und die Auswahl der jeweiligen Dekoration einem genau überlegten Entwurf entspringen: Außer den Angaben in den Quellen, die uns Auskunft über eine direkte Teilnahme Hadrians bei der Auswahl der Einrichtung seines Wohnsitzes geben, wird dies auch durch die Anwesenheit einer ganz bestimmten Art von Statuen und Bildthemen in einigen Gebäuden bestätigt, während sie in anderen fehlen, weiterhin durch die Tatsache, dass bestimmten Marmorsorten und seltenen Edelsteinen Vorzug gegeben wurde,

Hirschkopf.
Vatikan, Vatikanische Museen.

Pfau.
Vatikan, Vatikanische Museen.

Planimetrie der Villa Hadriana mit Kennzeichnung des unterirdischen Wegenetzes, das die einzelnen Bereiche miteinander verband, sowie Angabe der Fundorte von den Werken, die zur Dekoration gehörten (E. Salza Prina Ricotti).

die manchmal wohl nur aufgrund ihrer Farbe ausgewählt wurden, da diese in enger Verbindung zum dargestellten Thema steht.

Neben der durchgliederten Abfolge von Gebäuden und Pavillons, die, wie aus den Zeugnissen der Antike hervorgeht, den Eindruck von einer außergewöhnlichen Pracht vermitteln sollten, wurde die Anlage durch eine Reihe von Gärten und Freiräumen mit Brunnen und Nymphäen abgerundet, die oft den Abschluss einer Aussicht bildeten. Auch wenn viele Bauten zerstört wurden und wir nun freiliegende Gebiete durchwandern, wo sich einstmals geschlossene Räume befanden, wie im Falle des Kaiserpalastes oder des Vestibüls, und wir heute die von Hadrian entworfenen Gartenanlagen mit ihren Säulenhöfen und den weitläufigen Gärten, die mit Brunnen, Statuen und Dekorationselemente verschiedener Art verziert waren, nicht mehr richtig bewerten können, so wird deren Bedeutung für die Gesamtanlage doch deutlich. Die den „Palazzo" umgebende und durchdringende Landschaft zeichnete sich durch eine Abfolge von Pavillons, Türmen, Nymphäen, Architekturkulissen und Wohnhäusern aus, die an vielen Stellen durch ein Wechselspiel suggestiver und unerwarteter perspektivischer, oft durch Wasserspiele gesteigerte Ansichten unterbrochen wurden. Das ausgeklügelte Gleichgewicht zwischen architektonischem Eingriff im engsten Sinn und einer nur scheinbar wilden Natur ist zweifellos einer der wichtigsten Aspekte, die dem Gesamtent-

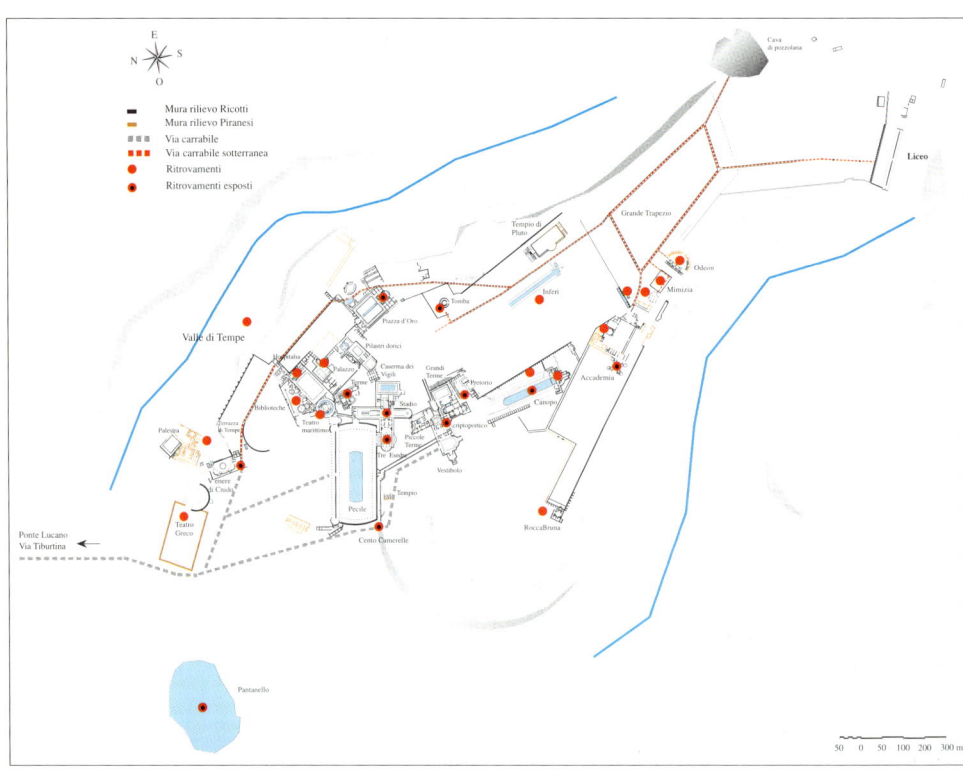

wurf der Villa zu Grunde liegen. Die Ausführung des großartigen architektonischen Entwurfs brachte ja auch eine Änderung des morfologischen Verlaufs der Hochebene, auf der die Residenz angelegt werden sollte, mit sich und an einigen Stellen wurde sogar die Erde abgetragen, um kleine Täler zu schaffen, wie im Fall des Canopos, während an anderen Stellen durch mächtige Unterbauten künstliche Plateaus für neue Gebäude entstanden, wie im Fall des Poikile, dessen Westseite auf den ‚Cento camerelle' aufsetzt.

Es ist denkbar, dass der oberhalb des kühlen und schattigen Wäldchens mit seinen jahrhundertealten Bäumen, welches von Aelius Spartianus mit dem Tempetal identifiziert worden war, stehende Pavillon, der ursprünglich mit wertvollem Marmor verkleidet war und deshalb vermutlich unmittelbar zu den kaiserlichen Gemächern gehörte, als Aussichtspunkt geplant war. Genauso wahrscheinlich ist, dass der Turm von Roccabruna damals wie heute dieselbe Funktion hatte, nämlich als Aussichtspunkt auf die römische Campagna diente, nicht zuletzt auch weil der Turm wohl eine beachtliche Höhe aufwies, wie die enorme Stärke seiner Grundmauern vermuten lässt.

Die in den letzten Jahrzehnten durchgeführten Untersuchungen des Geländes der Villa Hadriana, deren Ergebnisse sorgsam und detailliert für jeden einzelnen Grabungsabschnitt aufgezeichnet wurden, haben zu genaueren Kenntnissen darüber geführt, wie einige Abschnitte der Villa bepflanzt waren, insbesondere die Gärten der Piazza d'Oro, des Nymphäum-Stadions, des sogenannten Thronsaales (Teil des Dorischen Pfeilersaales) und des Canopos. Exakte Aussagen über die für die Gärten der Villa charakteristische Vegetation können derzeit jedoch noch nicht gemacht werden. Die Bepflanzung mit hochstämmigen Bäumen (Eichen, Steineichen, Eschen, Zypressen und Pinien), so wie wir sie heute sehen, ist längst Teil einer zur Geschichte gewordenen Umgebung und geht auf die Eingriffe im 18. Jahrhundert durch den Grafen Giuseppe Fede zurück, dem damals ein großer Teil der Villa gehörte. Es handelt sich hier um ein Kulturgut, das mit den antiken Strukturen untrennbar verwachsen ist, dazu gehören auch die zirka 4000 Olivenbäume, die ab dem Mittelalter hier zur Ölproduktion gepflanzt wurden. Zu den jahrhundertealten Bäumen gehört eine große Zypresse am Rand des Nymphäums mit Venustempel, in deren Stamm (mit einem Durchmesser von 4,30 m) ein Zürgelbaum eingewachsen ist und nicht weit davon entfernt sieht man das einzige Exemplar eines *taxus baccata* mit seiner charakteristischen Schirmform; in der Nähe des Canopos, am Rande des Olivenhains von Roccabruna, ragt der sogenannte „albero bello" (der schöne Baum) hervor, ein Olivenbaum von über fünf Metern Durchmesser und dreiteiligem Stamm.

Die Orte der Villa

Hadrians Villa in Tivoli hat sicherlich schon seine Zeitge-

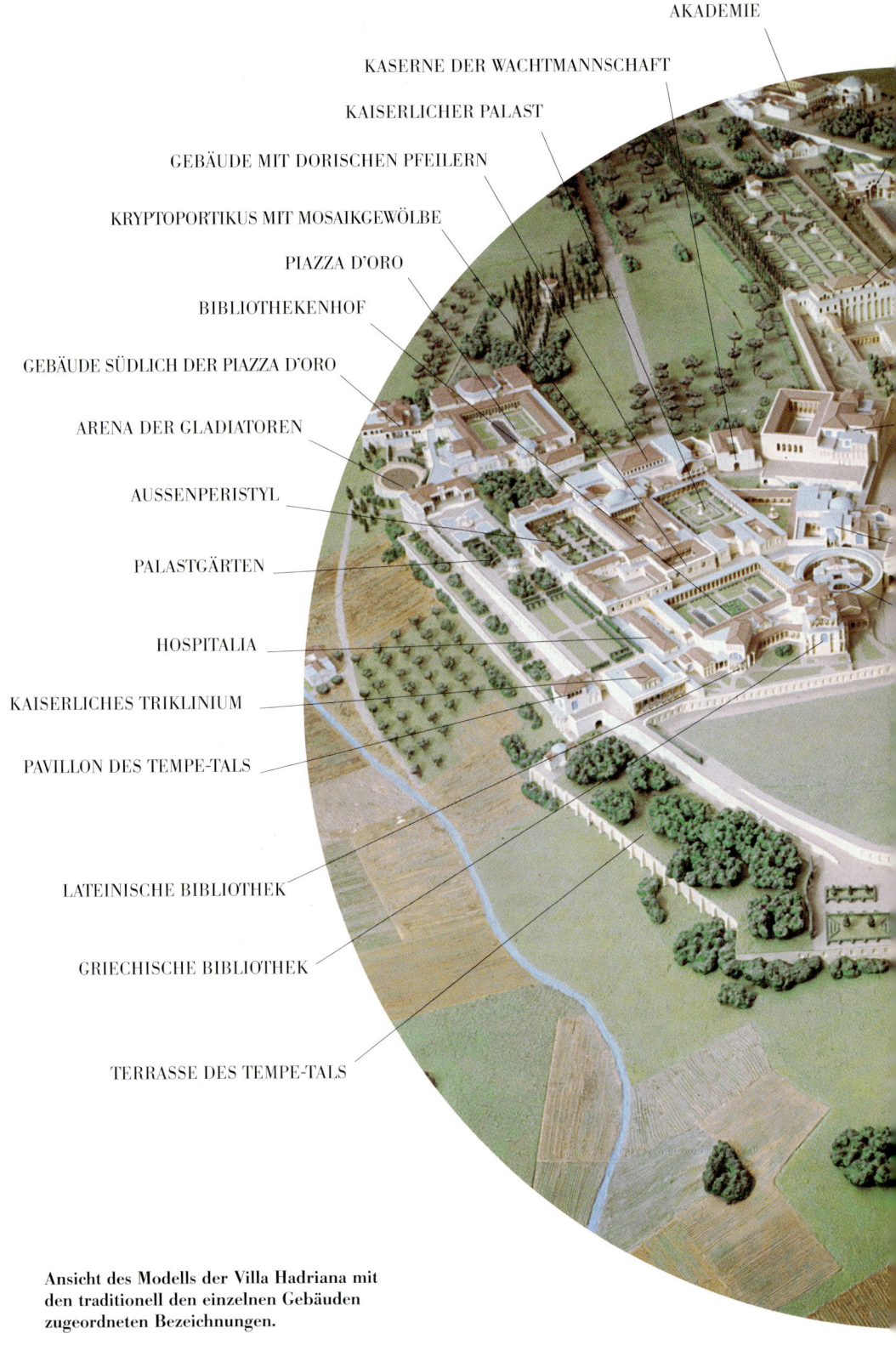

Ansicht des Modells der Villa Hadriana mit den traditionell den einzelnen Gebäuden zugeordneten Bezeichnungen.

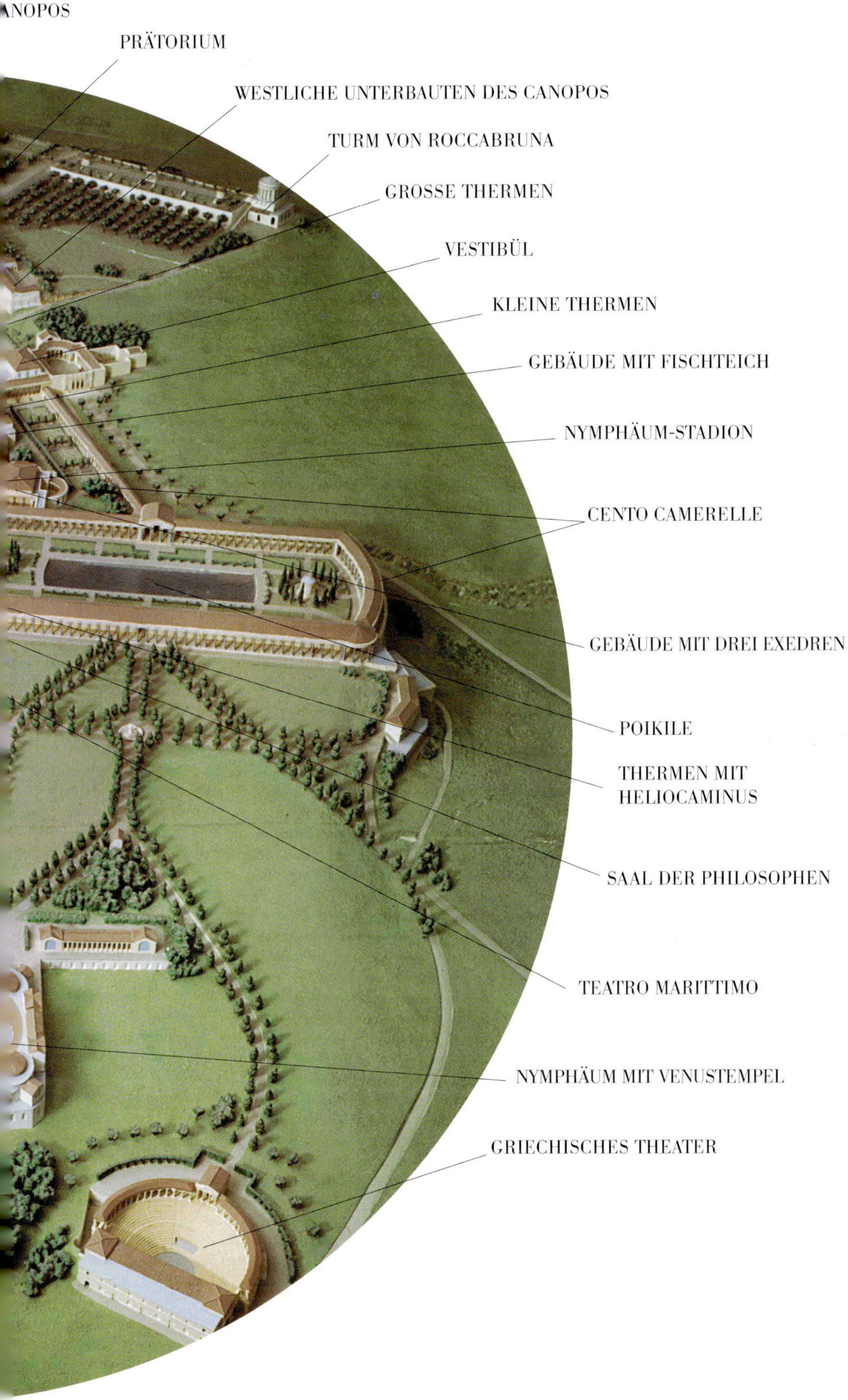

CANOPOS
PRÄTORIUM
WESTLICHE UNTERBAUTEN DES CANOPOS
TURM VON ROCCABRUNA
GROSSE THERMEN
VESTIBÜL
KLEINE THERMEN
GEBÄUDE MIT FISCHTEICH
NYMPHÄUM-STADION
CENTO CAMERELLE
GEBÄUDE MIT DREI EXEDREN
POIKILE
THERMEN MIT HELIOCAMINUS
SAAL DER PHILOSOPHEN
TEATRO MARITTIMO
NYMPHÄUM MIT VENUSTEMPEL
GRIECHISCHES THEATER

nossen in Erstaunen versetzt und der Biograph Aelius Spartianus spricht voller Bewunderung von ihr und stellt als Besonderheit heraus, dass ihr Gebäude angehören, welche die Namen der berühmtesten Orte in den Provinzen tragen (Lykeion, Akademos, Prytaneion, Canopos, Poikile, Tempe) und sogar die Unterwelt miteinbeziehen. Letztere ist zum Beispiel mit dem Bereich hinter der Piazza d'Oro identifiziert worden, der sich hauptsächlich durch Grünflächen, unterirdische Gänge und Wege auszeichnet, während Tempe in dem bewaldeten Tal unterhalb der unteren Terrasse der Bibliotheken, mit Ausblick auf den Wildbach Acqua Ferrata identifiziert wurde; den großen Säulenhof über den ‚Cento Camerelle' hat man als Poikile erkannt und als Canopos das lange Wasserbecken mit Serliana, das von einem großzügigen Pavillon mit Triklinium jenseits des Vestibüls abgeschlossen wird. Die eigentlichen Schwierigkeiten bei der Zuordnung der von Spartianus angegebenen Ortsbezeichnungen liegt darin, dass die einzelnen Gebäude keinen aus den Quellen bekannten Ort genau reproduzieren. Schon seit der Renaissance, als auch das wissenschaftliche Interesse für die Villa Hadriana wuchs, haben die Gelehrten versucht, den Ortsnamen Gebäude zuzuordnen und diesbezüglich Vorschläge und Versuche gemacht. Doch offenkundig ist die universelle Konzeption, die der Villa offensichtlich zu Grunde liegt: Man kann sagen, dass sich darin gewissermaßen Hadrians Vorstellung vom Reich wiederspiegelt, das er als Pluralität von Kulturen sah, jede mit ihrer eigenen Identität, die aber auf einen gemeinsamen Nenner zusammengeführt werden, der sich in einer weit gefassten Klassizität ausdrückt. In der Villa Hadriana wird das am Beispiel des Canopos ganz deutlich. Es handelt sich hierbei um das vielleicht einzige Bauwerk, das mit Sicherheit einem der in den Quellen zitierten Orte zugeordnet werden kann: Seine Form spielt zweifellos auf den Kanal an, der Alexandrien mit der Stadt Canopos am Nildelta vereinte. Diese Stadt ist für den Tempel des Serapis bekannt, doch aus architektonischer Sicht sehr weit von der ägyptischen Welt entfernt und lässt sich trotz ihrer besonderen Bauweisen und Elemente ohne weiteres in die griechisch-römische Stiltradition einreihen. Die an den Fabrikationsstempeln auf den Ziegelsteinen des Mauerwerks ablesbare Bauzeit widerlegt außerdem den allgemein verbreiteten Irrglauben, wonach im Text von Spartianus ein Hinweis darauf stehen soll, dass der Kaiser all jene Orte nachbauen wollte, die ihn auf seinen Reisen am meisten beeindruckt haben, denn dieses Gebäude wurde lange vor der ersten Ägyptenreise errichtet. Die Tatsache, dass nicht einmal der Canopos die getreue Reproduktion eines berühmten Monumentes ist, darf uns nicht erstaunen; die Bezeichnungen, die die einzelnen Quellen den verschiedenen Bauabschnitten der Villa zuordnen, müssen eher als ein gewollter, kultureller Hinweis darauf gesehen werden. Wir wissen auch, dass es schon zu republikanischer Zeit bei den Römern üblich war, einige Teile der dem *otium* zugedachten Villen mit den Namen berühmter Orte zu taufen, wie uns durch Cicero bekannt ist, der auf seinem Besitz in Tusculum eine Akademie und ein *Lykeion* errichten ließ; in manchen Gärten wurden künstliche Kanäle angelegt, die mit Verweis auf Ägypten den Nil imitieren sollten oder den Euripos in Erinnerung an den Meeresarm, der Euböa von Attika trennt, während von Augustus behauptet wird, dass er auf dem Palatin einen abgelegenen Raum besessen habe, den er selbst als Syrakus bezeichnete, in Erinnerung an den Ort, wo der Palast Dionysius des Älteren gestanden hat, der dafür bekannt war, dass sich hier ein Gebäude befand, das durch einen Kanal zur Insel wurde.

Die Bauphasen

Im Gemäuer ungefähr der Hälfte aller bekannten Gebäude sind Ziegelsteine entdeckt worden, auf denen Stempel oder Markenzeichen der Werkstatt mit konsularischen Datenangaben eingeprägt sind, d.h. mit den Namensangaben der beiden Konsuln, die zur Herstellungszeit eines bestimmten Materialstocks amtierten. Da dieses Amt für ein Jahr besetzt wurde, konnte eine genaue chronologische Abfolge erstellt werden, die uns erlaubt die einzelnen Exemplare zu datieren. Die Funde in den Mauern von Villa Hadriana ließen H. Bloch die Abfolge des Baus der einzelnen Gebäudeteile in drei verschiedene Phasen unterteilen: von 118 bis 125, von 125 bis 133/134 und von 133/134 bis zum Jahre 138 n. Chr.. Jüngere Studien hingegen gehen von nur zwei Bauphasen aus, in deren erster Phase, die wahrscheinlich schon

Beispiel eines Fußbodenbelags aus republikanischer Zeit.

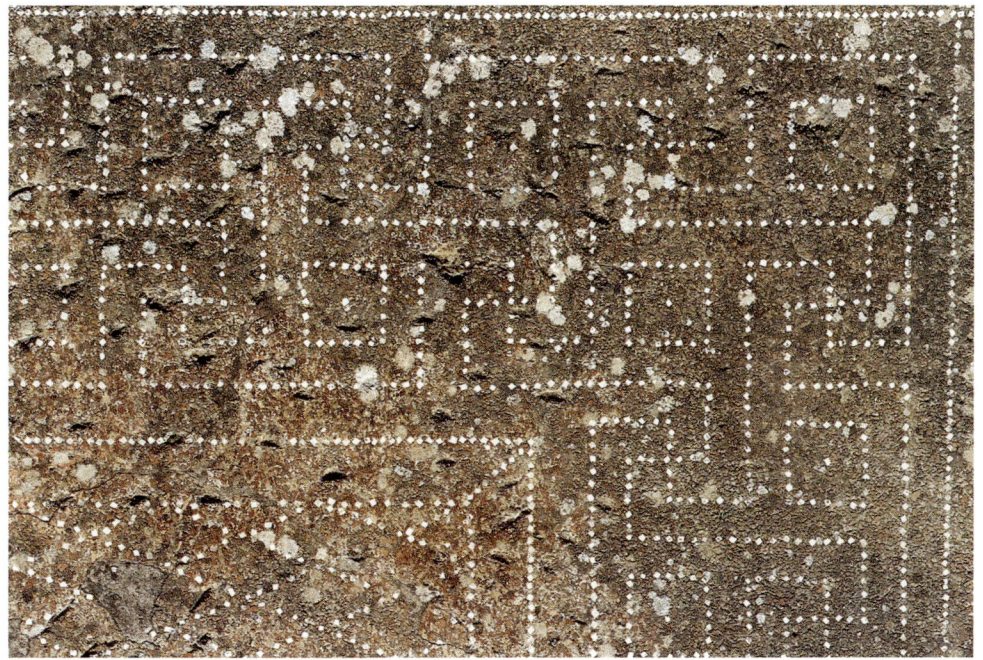

Lisenenkapitelle.

im Jahre 125 abgeschlossen war, ein Großteil der Bauten fertiggestellt wurde, also zu dem Zeitpunkt, als Hadrian von seiner ersten Orient- und Griechenlandreise zurückkehrte: Ende des Sommers jenen Jahres schreibt der Kaiser nämlich von der Villa Hadriana aus an die Bewohner von Delphi, was zum einen ein Beweis dafür ist, dass die Villa die offizielle Residenz Hadrians war und außerdem die Annahme unwahrscheinlich macht, dass er einen Wohnsitz gewählt hätte, der sich zum Großteil noch im Bau befand, wovon hingegen die Vertreter eines Aufbaus in drei Phasen ausgehen. In den Stempeleinprägungen der Ziegelsteine findet auch die Annahme der zwei Baufasen ihre Bestätigung, denn die meisten stammen aus den Jahren 123 und 124 n. Chr.. Die Tatsache, dass in fast allen Gebäuden, in denen Ziegelsteine mit Stempel aufgefunden wurden, auch Exemplare aus dieser Zeit vorhanden sind (auch neben Stempeln aus späterer Zeit), zeugt von intensiver Bautätigkeit in der ersten Phase. Nur sehr wenige Stempel sind älter und finden sich hauptsächlich in den Gebäuden, die unter anderem auf Grund ihrer Lage innerhalb der Villa früher datiert werden: So sind die Stempel des Marittimotheaters und des Philosophensaals auf das Jahr 117 datierbar, und noch vor 123 können die Stempel in den Heliocaminus-Thermen datiert werden. Es handelt sich also durchweg um Gebäude, die zu Beginn der Bauarbeiten der Villa um den schon vorhandenen Nukleus aus republikanischer Zeit herum entstanden sind. In der zweiten Phase, die mit den Ziegelstempeln ab 126 übereinstimmt, sind die einzelnen Gebäudeteile wahrscheinlich nur fertiggestellt worden: Auf diese Zeit gehen zum Beispiel das Gebäude mit Fischteich oder die Piazza d'Oro zurück, wo allerdings auch Ziegelstempel aus den Jahren 123-124 auftauchen.

Die architektonische Dekoration
Nachdem die Villa verlassen worden war, begann die Plünderung der Kunstwerke und Dekorationen, teilweise zur Weiterverwendung der kostbaren Materialien, so dass die architektonischen Verkleidungselemente der meisten Gebäude, von denen zu einem großen Teil nur noch das Mauerwerk vorhanden ist, verloren gingen. Trotz der mächtigen und imposanten Gemäuer, sind nur wenige Reste von der ursprünglichen Verkleidung der Gewölbe, Wände und Fußböden erhalten, die uns einen Eindruck davon verschaffen können, wie die Räume zur Zeit Hadrians ausgesehen haben. Die Fragmente vor Ort und die Funde auf dem Areal der Villa liefern jedoch zumindest einen Beweis dafür, wie reich und prächtig die Dekoration war, die die Gebäude der großartigen Anlage ausschmückte.
Die Villa ist fast ausschließlich in der sogenannten „Mischtechnik" (*opus mixtum*) gebaut, deren Schalmauern mit Mörtel und Bauschutt aufgefüllt und von außen mit pyramidenförmig behauenen Tuffblöcken (*cubilia*) verkleidet wur-

Kapitell eines Pilasters.

Säulenbasen.

den, die ein Netzmuster bildeten, das von horizontal durchlaufenden Ziegelbändern begrenzt wurde. Die Wände wurden dann verputzt und mit Fresken, Marmorplatten und Stuckdekorationen verziert. Ganz besonders raffiniert ist das Stuckgewölbe in einem der Räume des erst kürzlich restaurierten Nymphäums mit Venustempel, dessen geometrische Unterteilung farblich und durch einzelne Dekorationsmotive (Blumen, Pelten, Zapfen) hervorgehoben ist und neben dem fließenderen Stil der bekannteren Großen Thermen ein weiteres Beispiel für die Baukunst darstellt.

Die Wand- und Fußbodenverkleidung der exklusiveren Räume war aus wertvollem, oft seltenem Marmor, der aus den verschiedensten Gebieten des Reiches stammte und zu kostbaren Intarsien mit chromatischen Effekten verarbeitet wurde, die oftmals unter Zuhilfenahme anderer Materialien (Glasmasse oder Elfenbein) erzielt wurden: Von besonderer Bedeutung sind hier ein Kapitellfragment und Friese mit Mosaiken aus buntem Marmor auf Schieferuntergrund, sowie einige Fragmente, die zu einem Gesicht und zu einer

Stuckfragmente aus den
Großen Thermen.

höfischen Frisur mit ondulierten Haarsträhnen gehören, ein Beweis für die Existenz von Friesen mit Bildmotiven.

Von minderer Qualität waren die Mosaikfußböden, von denen nur vereinzelte kostbare Werke erhalten sind, wie das Bild in den Berliner Museen mit Darstellung eines Kampfes zwischen Zentauren und wilden Tieren, das Bild mit den Theatermasken in den Vatikanischen Museen oder die Darstellung der Tauben in den Kapitolinischen Museen. Es handelt sich hier um Mosaiken in Vermikulatumtechnik (Glasmosaik) und einige Archäologen halten sie für Werke aus hellenistischer Zeit, die unter Hadrian neue Verwendung fanden. Beispielhaft für das meisterhafte Können in der Musivarbeit des 2. Jahrhunderts n. Chr. ist zweifellos das polychrome Mosaik mit geometrischer Dekoration aus einem der Apsidialräume auf der Seite des Vestibüls der Piazza d'Oro. Das Zusammenspiel der winzigen Mosaiksteine mit verschiedenen Farbschattierungen ergibt ein Bild, das an das Gewebe einer Matte oder eines Teppichs erinnert. Andernorts, wie zum Beispiel in den Hospitalia, wird durch

Detailansichten des stuckverzierten Gewölbes in einem Raum des Nymphäums mit Venustempel.

das Wechselspiel von Schwarz und Weiß ein chromatischer Effekt erzielt, wobei die eher großen Mosaiksteine dennoch eine hohe dekorative Wirkung haben: Auch im Inneren weist jeder einzelne Raum verschiedene geometrisch-florale Motive auf, die den zentralen Raum mit der reichhaltigsten Dekoration hervorheben, während der Fußbodenbelag

Auf Ende des 2./Anfang des 3. Jahrhunderts v. Chr. zurückgehende Freskendekoration der Gewölbe in den Räumen der westlichen Unterbauten des Canopos, Zeugnis für die Nutzung der Villa bis in die Zeit der Severer, wie aus Bildnissen der Mitglieder der kaiserlichen Familie hervorgeht.

der Alkoven weniger ausgearbeitete Motive aufweist, da hier die Betten standen und er also nur zum Teil sichtbar war.

Neben der Wandverkleidung gibt es auch eine beachtliche Anzahl an architektonischen Elementen, bestehend aus Relieffragmenten, Gebälkteilen, Säulen, Lisenen, Basen und Kapitellen, deren prächtige sowohl ornamentale als auch bildliche Dekoration von höchstem qualitativem Niveau zeugt und in Typologie und Stil belegt, wie prunkvoll die architektonische Ausstattung war, die die herrschaftlichen Räume der Villa kennzeichnete.

41

Dekorationsfragmente der Wandverkleidung in *opus sectile* mit polychromen Marmorintarsien auf Schieferuntergrund.

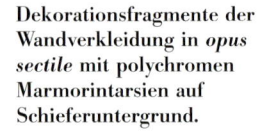

Teilstück eines Lisenenkapitells in *opus sectile* mit polychromen Marmorintarsien auf Schieferuntergrund.

Fußbodenbeläge in *opus sectile*.

43

Fußbodenbeläge in
schwarz-weißem Mosaik.

Polychromes Mosaik.

45

Das Mosaik mit den Tauben

Dieses Mosaik stammt aus einem Raum der Akademie, in dessen Fußbodenbelag es das zentrale Dekorationsmotiv darstellte. Es ist in der *vermiculatum*-Technik, also mit winzig kleinen Mosaiksteinen ausgeführt, so dass der Eindruck entsteht, man habe ein Gemälde vor sich und damit ist es die getreueste Nachahmung des Motivs eines berühmten, dem talentierten Künstler Sosos zugeschriebenen Freskos. Dieser im 2. Jahrhundert v. Chr. in Pergamon (Kleinasien) tätige Maler soll, wie Plinius berichtet, einen „nicht gekehrten Fußboden" (*asarotos oikos*) gemalt haben, also eine Darstellung des Momentes unmittelbar nach einem Bankett, die einen Fußboden zeigt, auf dem noch die Speisereste verstreut sind. Von den verschiedenen Motiven in diesem Gemälde, dessen kompositorische Syntax uns nicht bekannt ist, ist das Motiv der aus einem goldenen Becken trinkenden Tauben das in der Antike am häufigsten aufgenommene. Dieses Motiv ist uns auch schon von Mosaiken in Pompeji bekannt, zum Beispiel aus dem Hause des Fauns.

Im 18. und 19. Jahrhundert wurde dieses Motiv auf Mosaiken und Wandteppichen nachgeahmt und findet sich auch bei zahlreichen Objekten des Kunsthandwerks jener Zeit wieder. Bei diesen in Form und Funktion unterschiedlichen Gegenständen konnte die Ausführungstechnik der Abbildung ganz unterschiedlich sein: Mikromosaik, Mosaikarbeiten aus Edelsteinen, Malerei.

Mosaik mit Tauben. Rom, Kapitolinische Museen.

Ausschnitt des äußeren Bandmotivs des Taubenmosaiks. Paris, Bibliothèque Nationale.

Die Wiederentdeckung der Villa

**Zentaur aus grauem Marmor.
Rom, Kapitolinische Museen.**

Die eigentliche Wiederentdeckung der Villa, nach der schon im Mittelalter sowohl Künstler (uns ist eine Zeichnung der Griechischen Bibliothek von Giorgio Martini bekannt) als auch Humanisten wie Flavio Biondo suchten, der sie als erster als Kaiserresidenz Hadrians erkannte, erfolgte um Mitte des 16. Jahrhunderts durch die Grabungsarbeiten des Architekten Pirro Ligorio, von Kardinal Hippolit II. d'Este damit beauftragt, dessen tiburtinische Villa zu entwerfen. Man stellte Nachforschungen an, große Teile des Mauerwerks kamen zu Tage und vor allem die für Villa Hadriana charakteristische Fülle von Brunnen und Nymphäen, die Ligorio bei der Anlage der Gärten der Villa d'Este inspiriert haben. Diese Entdeckungen, die Qualität und die Vielfalt der wiederentdeckten Marmorarbeiten, sowie die Feinheit der Dekoration löste eine systematische Ausplünderungswelle seitens der Eigentümer der zahlreichen Landparzellen aus, in die das Gebiet der Villa zu diesem Zeitpunkt unterteilt war. Im Verlauf des 17. und 18. Jahrhunderts gingen die Raubgrabungen weiter, sowohl im Namen der verschiedenen Adelsfamilien, die im Lauf der Zeit in den Besitz der Villa kamen, als auch der Jesuitenpriester, denen die Auffindung der dem ägyptischen Zyklus zugehörigen Statuengruppe aus schwarzem Marmor zu verdanken ist, die wahrscheinlich aus dem Canopos stammt und sich heute in den Vatikanischen Museen befindet. Wichtige Funde machten die Grafen Fede, die auf den Resten des Nymphäums mit Venustempel ihr Landhaus bauen ließen und dieses durch eine Zypressenallee mit der Poikile verbanden, in deren erhaltene Trennmauer der Architekt Luigi Canina, um die Durchfahrt der Kutschen in Richtung Canopos zu erleichtern, eine große rechteckige Öffnung schlagen ließ, am hier fehlenden Sturzbogen erkennbar. Erwähnt werden müssen auch die Funde von Kardinal Furietti, ebenfalls aus dem 18. Jahrhundert: zwei Zentauren aus grauem Marmor, sowie das berühmte Mosaik mit dem Taubenmotiv aus dem Gebäude der Akademie. Beide Funde sind an die Kapitolinischen Museen gegangen, wie auch die Ausbeute an Statuen und Reliefs bemerkenswerter Qualität, die der Maler und Kunsthändler Gavin Hamilton in der zweiten Hälfte des Jahrhunderts im Teich des Pantanello wiederentdeckt hat, einer etwas abseits gelegenen Stelle in der Nähe der nördlichen Begrenzung der Villa, an der die Marmorfiguren gelagert wurden, vielleicht um in einem Kalkofen Verwendung zu finden, nach der Versumpfung des Geländes aber in Vergessenheit gerieten. Erst nach der Einigung Italiens kam, dank des Einsatzes von Oberintendant Pietro Rosa der Großteil des heutigen Ausgrabungsgebietes der Villa Hadriana in den Besitz des italienischen Staates, so dass systematische, wissenschaftliche Untersuchungen angestellt werden konnten, denen die Eingriffe Lancianis, Aurigemmas, Vighis und der ausländischen Akademien in Rom folgten.

Bildnis des Lucio Vero. Sankt Petersburg, Eremitage.

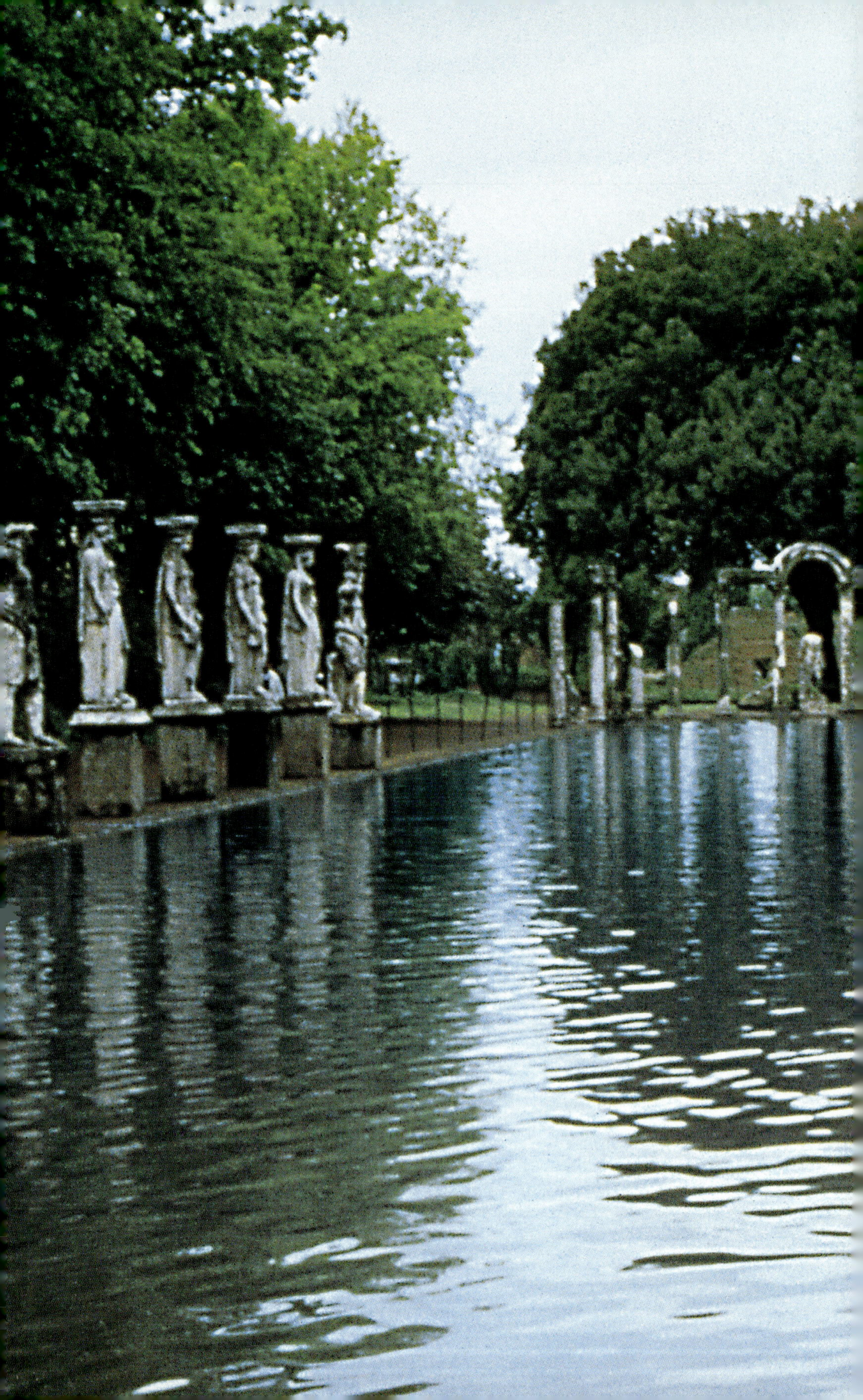

Die Gebäude der Villa

Poikile

Ansicht der Villa: im Vordergrund der große Quadriportikus des Poikile und die „Cento Camerelle" (Hundert Kämmerchen).

Diesen monumentalen Quadriportikus, der einen Garten mit einem großen Wasserbecken im Zentrum umgrenzte, hat man als die in den Quellen erwähnte Poikile erkannt, die sich an der berühmten *Stoà Poikile* in Athen orientierte, in der die Werke der größten griechischen Maler aufbewahrt wurden. In der noch vollständig erhaltenen, 9 m hohen Trennmauer auf der Nordseite öffnet sich auf der Höhe einer von Norden herführenden Straße ein monumentaler Eingang. Die regelmäßige Abfolge der Säulensockel zu beiden Seiten der Trennmauern läßt vermuten, dass es sich hier um einen doppelten Säulengang handelte. Eine Reihe von großen Löchern zur Halterung der nur im oberen Bereich sichtbaren Dachbalken lässt darauf schließen, dass es sich um ein Walmdach handelte. Auf Höhe der Peristylbasen stehen heute an Stelle der früheren tragenden Säulen zylinderförmig beschnittene Buchsbäume. Dieser Abschnitt des Säulenhofs ist zuerst gebaut worden und diente den nachmittäglichen Spaziergängen, wie uns eine im 18. Jahrhundert hier aufgefundene Inschrift verrät, nach der der eigentliche Säulenhof 1450 Fuß lang, also 429 m war, was der Länge einer Wegstrecke um die Trennmauern entspricht; weiterhin heißt es in der Inschrift, man lege zwei römische Meilen (3 km) zurück, wenn man diesen Weg siebenmal abschreite. Die Größe des doppelten Säulenhofs war also den Regeln eines gesundheitsfördernden, Spaziergangs (*ambulatio*) entsprechend ausgerichtet, wie aus den Quellen hervorgeht.
In der zweiten Bauphase der Villa wurden dem Säulenhof die restlichen Seitenarme hinzugefügt, deren leicht konvexe Schmalseiten eine Grünfläche mit einem großen rechteckigen Wasserbecken (ca. 100 × 25 m) in der

Mitte umschlossen. Heute können wir über den Umfang der Poikile hinweg die gesamte Anlage und auch die umliegende *Campagna* überblicken, doch damals war dieser Garten nicht als Aussichtspunkt gedacht: Die hohen Trennmauern des Säulenhofs um den ganzen Garten herum versperrten die Aussicht auf die Landschaft und dienten zur „Isolierung" der Grünfläche rund um das Wasserbecken, so dass hier Ruhe und Stille herrschten. Über eine Treppe gelangte man von hier aus zum Saal der Philosophen und zum Teatro Marittimo auf der einen Seite, und dem Gebäude mit den drei Exedren, dem Nymphäum-Stadion und dem Gebäude mit dem Fischteich auf der anderen.

Das Didaktische Museum

In einem Gebäude aus dem späten 18. Jahrhundert in Nähe der nordwestlichen Ecke der Poikile ist das didaktische Museum untergebracht.
In der Ausstellung auf drei Stockwerken sollen Tafeln, Photos und Zeichnungen die Aufmerksamkeit des Betrachters auf drei Hauptaspekte lenken. Der erste steht hauptsächlich mit der Entstehung der Anlage in Beziehung; die anderen beiden beschäftigen sich mit dem Bild der Villa im Laufe der Jahrhunderte und der Flora und Fauna, welche die „Landschaft" ausmachten.
Zur detaillierten Analyse des Baus dieser monumentalen Anlage, angefangen bei den Bautechniken bis hin zur Beschaffenheit der architektonischen und bildhauerischen Ausstattung, zeigen die Säle des Museums in der Villa aufgefundene Originale, Abdrücke von Werken, die im Lauf der Jahrhunderte an andere Orte gelangt sind, sowie Muster der zur Verkleidung von Wänden und Fußböden verwandten Marmorsorten und der Ziegelsteine, die je nach Funktion des jeweiligen Gebäudes verwandt wurden.

Daneben gibt es Modelle zur Erläuterung der angewandten Mauertechniken. Eine Vitrine ist der umfangreichen Serie von Fabrikationsstempeln auf den Ziegelsteinen gewidmet, die in verschiedenen Gebäuden der Villa aufgefundenen wurden und deren Studium ermöglicht hat, die Namen der Handwerker in eine chronologische Abfolge zu bringen und so die Gemäuer einem bestimmten Zeitraum zuzuordnen.
Wie man sich die Villa Hadriana im 18. und 19. Jahrhundert vorstellte, zeigt die Sammlung der originalen Kupferstiche aus dem Staatlichen Kupferstichkabinett in einem Saal des Museums. Hier befinden sich Karten und Ansichten der Gesamtanlage oder einzelner Bauwerke mit zum Teil recht verzerrten Interpretationsversuchen zur Rekonstruktion mancher Gebäude und Bauteile. Bemerkenswert ist der große Stich aus dem Jahre 1781 von Giovan Battista und Francesco Piranesi, der erste Versuch, den „Grundplan der Bauten der Villa Hadriana" auf Basis wissenschaftlicher Kriterien nachzuzeichnen und auch heute noch ein Anhaltspunkt bei der Rekonstruktion einiger nur teilweise erhaltener oder nicht mehr auffindbarer Gebäude ist.
Eine weitere Abteilung untersucht die Villa Hadriana unter landschaftlichem Gesichtspunkt. Dabei wird der Evolution der Vegetationsarten und des Baumbestandes Rechnung getragen und auf Zeugnisse der römischen *ars topiaria* in antiken Quellen, sowie auf die archäologische Dokumentation zurückgegriffen. Nachdem die Villa verlassen worden war, ist der ehemalige Baumbestand im Laufe der Jahrhunderte einer wilden Vegetation zum Opfer gefallen, aber auch Arten, die zur produktiven Bodennutzung oder zur landschaftlichen Gestaltung gepflanzt wurden und die auf den Tafeln dieser Abteilung durch Fotos und Zeichnungen erläutert sind. Zweifellos war die Beziehung zwischen Landschaft und architektonischer Struktur damals schon von großer Bedeutung, wenn auch in anderer Weise und anderem Ausmaß als heute: Das geht deutlich aus einer der hier enthaltenen Planimetrien hervor, in der Grünflächen und Gewässern sehr viel Bedeutung zugemessen wurde, wofür auch die zahlreichen Teichanlagen, Wasserbecken und Brunnen ein klares Zeugnis sind.

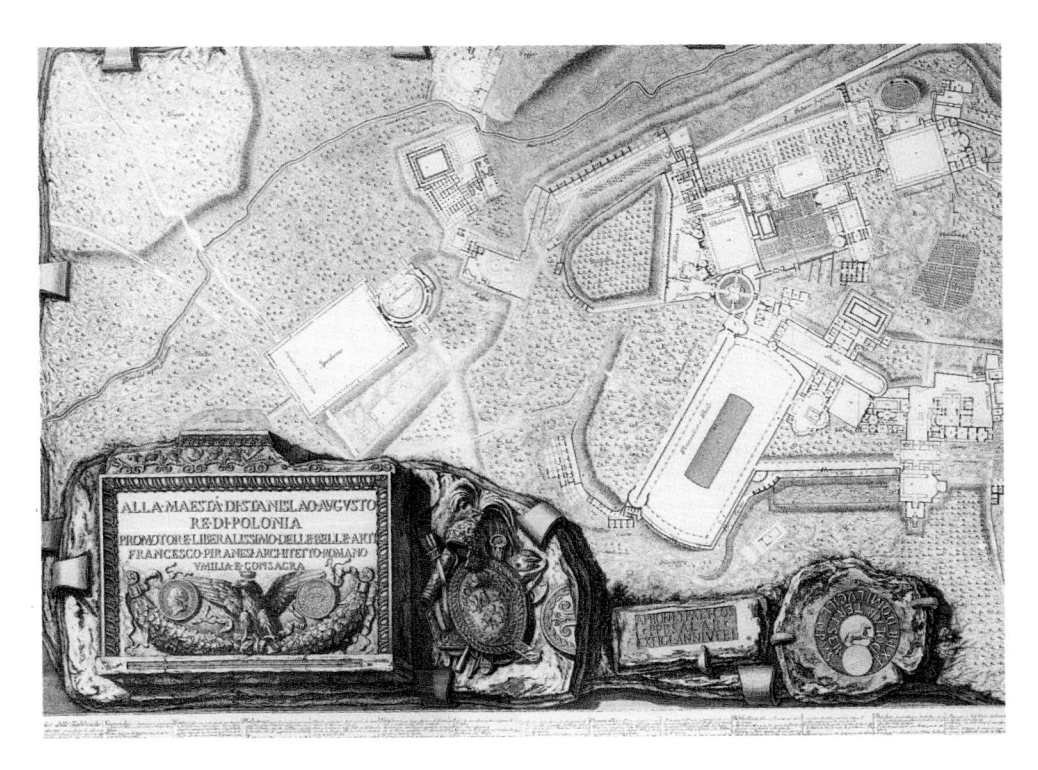

Plan der Villa
von Giovan
Battista und
Francesco
Piranesi (1781).

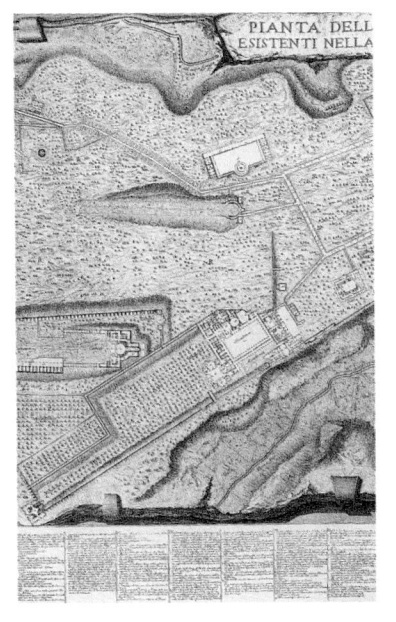

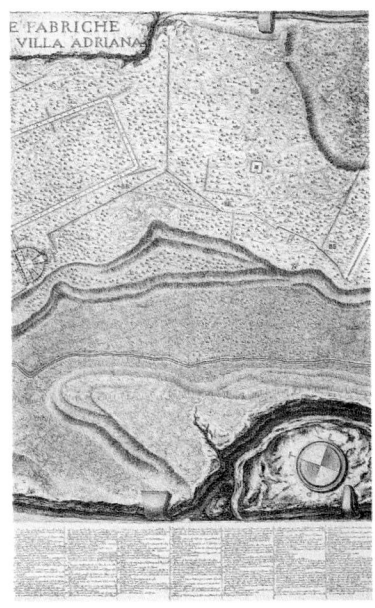

„Cento Camerelle"
(Hundert Kämmerchen)

Das Plateau der Poikile entstand durch die Errichtung eines mächtigen Systems von Unterbauten, den so genannten „Cento Camerelle", die den Höhenunterschied, der im Westen bis zu 15 m beträgt, zu dem sich darunter befindlichen Tal überbrücken. Wie bei den meisten Unterbauten der Villa, besteht dieser Stützbau aus einer Reihe von aneinander grenzenden Räumen auf bis zu vier übereinander liegenden Stockwerken. Kennzeichnend für diese Zimmer ist, dass sie alle gleich groß sind, einen Fußbodenbelag aus Holz besaßen und nur eine Eingangsöffnung in der Vorderwand hatten. Erreichbar waren sie über hölzerne Balkone, die durch eine gemauerte Treppe miteinander verbunden waren. Die schlichte Wand- und Fußbodenverkleidung, die große Anzahl der Räume, denen das Gebäude seinen Namen verdankt, und die Tatsache, dass sie an einer Straße mit Pflasterung aus Groß-Pflastersteinen lagen, die unterirdisch unter dem Vestibül entlangführte und einen direkten Zugang zu den Diensträumen der Thermen bildete, lässt uns annehmen, dass hier das rangniedrigste Dienstpersonal der Villa untergebracht war. Die Vermutung, dass es sich hier um Unterkünfte handelte, wird auch durch die Existenz einer Latrine bestätigt. Dennoch ist es möglich, dass die Räume auf Straßenhöhe als Vorratslager und Wirtschaftsräume dienten, denn sie sind leicht von der Straße aus zu erreichen und außerdem ist die Decke einiger Räume sehr viel niedriger als in den oberen Stockwerken.

Thermen mit Heliocaminus
(Solarium)

Ansicht des runden Saales.

Kapitell.

Aphrodite von Doidalsas. Rom, Römisches Nationalmuseum, Palazzo Massimo alle Terme.

Die ältesten Thermen der Villa befinden sich ganz in der Nähe der Residenz aus republikanischer Zeit und sind mit dieser auch durch einen Gang verbunden. Ihren Namen verdanken sie dem beeindruckenden runden Saal mit *heliocaminus*, einem von der Sonne (und vielleicht auch von Heizungen) erwärmten Raum zum Sonnenbaden, der auch in den Schriftquellen (Plinius, Epist., II.17) erwähnt ist. Neuere Studien gehen davon aus, dass dieser Raum ein Schwitzbad gewesen ist, denn hier befinden sich Feuerbecken zur Unterstützung der üblichen Fußboden- und Wandbeheizung des Saales, die aber auch die in einem *sudatio* notwendigen Wasserdämpfe erzeugen konnten. Dieser Saal war mit einer Kuppel mit Kassettendecke und runder Scheitelöffnung überdacht und besaß auf der Südwestseite große Fenster, die aber restlos eingestürzt sind. Auf dieser Seite befanden sich alle beheizten

57

Räume dieser, wie auch der anderen Thermalanlagen der Villa, deren Ausrichtung sich somit getreu an die von Vitruv aufgestellten Vorschriften hält. Die Südwest-Ausrichtung dieser Räume gewährleistete eine optimale Nutzung der Sonnenwärme am Nachmittag, dann nämlich, wenn die Römer die Bäder besuchten.

Hinter dem *heliocaminus* erkennt man das *frigidarium*, einen rechteckigen Raum mit Öffnung auf ein großes, von einem Säulengang umgebenes Schwimmbecken und ein halbkreisförmiges Becken, von dem aus man durch einen beheizten Raum ins *calidarium* gelangte. In den Einbuchtungen der Wände dieses leider stark beschädigten Raumes befinden sich die beiden rechteckigen Warmwasserbecken. Sowohl die ursprüngliche Wand- und Fußbodenverkleidung aus Marmor im gesamten Gebäude, von der noch einige Reste erhalten sind, als auch der Einsatz von Mosaiken ohne jegliche Dekoration im Fußbodenbelag der Dienstgänge, bestätigen die Zugehörigkeit dieses Baukomplexes zum herrschaftlichen Teil der Villa.

Sudatio (*Schwitzbad*)

Der Saal des türkischen Bades, *laconicum* (mit Verweis auf die Gewohnheiten Spartas) oder auch *sudatio*, war ein runder Raum mit Sitzbänken rings um die ganze Wand und einem Lichtschacht (einer runden Scheitelöffnung), der durch ein bronzenes Rundschild verschlossen und mit Hilfe von Ketten manövriert werden konnte, um den Dampf im Raum zu halten oder abzulassen: Die direkte Zufuhr von Wasserdampf wurde durch Heizungen (wie zum Beispiel in Herculaneum) oder durch Feuerbecken erzeugt (wie im Fall des Saals der Thermen mit heliocaminus), oder man nutze ganz einfach die natürlichen Bodendämpfe aus (wie in Baiae). Der Raum besaß außerdem große Fenster, die so angelegt waren, dass die Sonnenstrahlen hereinfallen konnten, deren Wirkung durch den Einsatz von Glasfenstern noch verstärkt wurde, eine Erfindung aus dem 1. Jahrhundert n. Chr. Da solche Fensterscheiben jedoch nur in kleineren Stücken hergestellt wurden, musste man für große Fensteröffnungen ein Bronze- oder Eisengerüst anfertigen und die Glasscheiben dann mittels Bleiguss anbringen.

Saal der Philosophen

Detailansicht des Inneren.

Es handelt sich hier um einen beeindruckenden Apsissaal, dessen Haupteingang mit zwei vorgelagerten Säulen sich im Norden befindet. Seinen Namen verdankt er den sieben Nischen in der Rückwand, die einer Annahme nach die Statuen der Sieben Weisen beherbergten.

Der Raum war ganz mit Marmor verkleidet, wie aus den Spuren der Halterung der Verkleidung im Mörtel, sowie aus den Löchern für die Halterungsklammern längs der Wand hervorgeht. Mit Hilfe der flüchtigen Beschreibung Pirro Ligorio können wir das ursprüngliche Aussehen des Saals zumindest teilweise rekonstruieren: Wände und Fußböden waren mit Porphyr verkleidet und wahrscheinlich mit einer Kassettendecke überdacht. Einige Gelehrten meinen, es habe sich hier um eine Bibliothek gehandelt und interpretieren die Nischen als Regale für die *volumina* (Buchrollen), doch da die 3 m hohen Nischen nur sehr schwer zu erreichen sind, weil sie sich oberhalb eines hohen Sockels ausschließlich auf der Rückwand befinden, scheinen andere Theorien überzeugender. In Anbetracht der Größe des Saales, dem verschwenderischen Gebrauch von Porphyr, der Nähe der Poikile auf der einen und des Teatro Marittimo auf der anderen Seite, die beide jeweils durch einen Eingang zu erreichen sind, und nicht zuletzt der Analogien zum Auditorium (oder Basilika) der Domus Flavia auf dem Palatin, das für offizielle Versammlungen vorgesehen war, scheint eine Identifizierung als Ratssaal begründeter. In diesem Fall waren die Nischen wahrscheinlich als Standort einer Reihe von Statuen der kaiserlichen Familie vorgesehen.

Teatro Marittimo
(auch Inselvilla genannt)

Ansicht des Gebäudes von oben.

Es handelt sich um eine der bekanntesten und am häufigsten abgebildeten Bauten der Villa Hadriana, die zum Symbol der Einzigartigkeit und der innovativen Konzeption der architektonischen Anlage des ganzen Wohnkomplexes geworden ist.
Der Rundbau mit Vorhalle hat einen nach Norden ausgerichteten Haupteingang mit Blick auf eine an den Garten der Bibliotheken grenzende Grünfläche, die mit der darunter liegenden Terrasse verbunden ist. Von der Vorhalle aus, von der nur noch die Säulenbasen erhalten sind, ging man in das rundum von rechteckigen Nischen ausgeschmückte Atrium; ein axialer Eingang führte zu einem runden

Marmorvase mit Kranich und Schlangen. Rom, Römisches Nationalmuseum, Palazzo Massimo alle Terme.

Portikus mit ionischen Säulen, der von einem Tonnengewölbe überdacht war, wie die Anastylose einiger Säulen und die Rekonstruktion eines Gewölbeteils aus den fünfziger Jahren bezeugen. Der Säulengang spiegelt sich im Wasser eines breiten Kanals, der eine runde, künstliche Insel, auf der ein Gebäude steht, umgibt. Das Wechselspiel zwischen gebogenen und geraden Linien führt zur Annahme, dass es sich hier um eine wahre Domus handeln könnte, also um eine Art kleinere Residenz innerhalb des kaiserlichen Wohnsitzes. An Stelle der gemauerten Brücke aus spätantiker Zeit führten zwei hölzerne Zugbrücken auf die vom Eingang aus nicht sichtbare Insel, was zur Aura der Unerreichbarkeit beitrug. Am Boden des ringförmigen Wasserbeckens, von dessen weißer Marmorverkleidung Teile erhalten sind, kann man noch heute leicht die Rillen erkennen, welche die Schienen der Zugbrücken hinterlassen haben. Diese waren in Weiterführung der Eingangsflure oder auch *fauces* angebracht, die sich auf der Außenseite eines gebogenen Atriums befanden, dessen ionische, kannelierte Säulen ein Gebälk mit einem ausgearbeiteten Marmorfries mit Bilddarstellungen aus dem Meeresleben trugen, der dem Gebäude seinen Namen verliehen hat. Hinter dem Atrium war ein ganz besonders geformter Portikus mit einwärts geschwungenen Innenseiten und einem kleinen Garten in der Mitte, der wahrscheinlich auch einen Brunnen besaß. Daneben befand sich in axialer Position ein von zwei symmetrischen Räumen flankierter Saal mit offener Eingangsseite. Er hatte die Form einer Exedra mit ionischen Säulen und besaß ein großes Fenster, das sich auf eine rechteckige Nische in der Rückwand des runden Portikus öffnete. Es ist wahrscheinlich, dass die Statue des Fauns aus Marmor in rosso antico, die bei den Ausgrabungen des Teatro Marittimo im 18. Jahrhundert gefunden wurde und dann in die Vatikanischen Museen (Maskenkabinett) kam, in dieser Nische aufgestellt war oder zumindest in einer der beiden anderen Nischen dieses Gebäudes. An beiden Endpunkten war in den Hohlräumen, die sich aus den Schnittstellen der Gemäuer der Haupträume mit dem runden Umfang der Insel ergeben haben, jeweils eine Latrine. Auf der Ostseite befinden sich zwei Räume mit kreuzförmigem Grundriss und Blick auf den Kanal, und aufgrund der Präsenz eines Alkovens für die Betten hat man diese als Schlafgemach erkannt. Die Westseite ist hingegen ganz von einem kleinen, offensichtlich dem privaten Gebrauch zugedachten Thermalbad besetzt: In der Mitte befindet sich das *frigidarium* mit einem Kaltwasserbecken und einer doppelten, gemauerten und noch erhaltenen Treppe, die zum ringförmigen Kanal führt, der also auch die Funktion einer *natatio*, also eines Schwimmbades hatte. Nördlich des *frigidariums* befinden sich die beheizten Räume. Vom dem runden, äußeren

Portikus aus führen Treppen auf die Höhe des Bibliothekenhofes und der griechischen Bibliothek, während sich auf der gegenüberliegenden Seite des Portikus eine Tür mit Korridor befand, der zu einem engen Raum, wahrscheinlich der Zelle des Wachtpostens führte, vor allem aber das Teatro Marittimo mit dem Saal der Philosophen verbunden hat. In dem von einem Fenster erhellten Korridor befindet sich außerdem eine Tür, die zu dem vor den Thermen mit heliocaminus liegenden Areal ührt, ferner eine unterirdische, ausnahmsweise mit Mosaikfußboden ausgestattete Galerie, die einen schnellen Verbindungsweg zum Nymphäum-Stadion ermöglichte. Genauer betrachtet erinnert das Gebäude in seinem Grundriss an das Pantheon und hat auch fast den gleichen inneren Durchmesser (45 m gegen die 43,5 m des Pantheon). In seiner Konzeption erfüllt es alle Bedingungen zur Abschirmung und entspricht damit der Typologie der dem *otium* (Muße) gewidmeten römischen Villa, deren Vorläufer im griechischen Umfeld beheimatet sind: In der Villa von Dionysios dem Älteren in Syrakus befand sich ein von einem Kanal abgetrenntes Gebäude, das Augustus möglicherweise beim Bau seines Wohnsitzes auf dem Palatin als Vorbild gedient hatte, wie wir aus den Schriften von Suetonius (*Aug*. 72.2) entnehmen können. Darin bezeichnet er diesen Ort im Innern des Palastes als „Syrakus" oder „Laboratorium", an den sich der Kaiser zurückzuziehen pflegte, wenn er ungestört sein wollte. Plinius der Jüngere erwähnt in den *Epistulae* (II, 17.20-24) einen Ort, an den er sich auf der Suche nach Ruhe und Abstand gewöhnlich zurückzog. Es handelt sich um einen Pavillon innerhalb seiner Villa in Laurentum, der nach dem Vorbild einer wahren Residenz gestaltet war, fast eine *dépendance* der Villa, weit ab vom Lärm des Alltagslebens. Und dass es sich beim Teatro Marittimo um einen Ort handelt, an den man sich zurückziehen konnte, um in aller Ruhe seinen Tätigkeiten nachzugehen, ist auch heute noch zu verspüren, wenn man es betritt und sich umschaut: Die hohe Trennwand des Portikus begrenzt das Blickfeld und isoliert das Gebäude von den umliegenden, macht es zu einem in sich abgeschlossenen Raum, dessen einzige Öffnung die Vorhalle ist. Im Hintergrund steht auf der Hauptachse ein Brunnen, der den Schlusspunkt einer bühnenwirksamen Abfolge von Säulen bildet und gleich einer optischen Täuschung das Atrium verlängert. Der runde Grundriss reduziert und beherrscht den Innenraum zwar, dennoch ist dieser optimal genutzt, um alle den Anforderungen des Kaisers entsprechenden Räume zu schaffen: Tatsächlich nimmt das Gebäude in seinen Grundelementen das typische Schema einer *domus* auf, mit Atrium, Hof, Portikus für Spaziergänge, Tablinum, Schlafgemächern (*cubicola*), Thermalbad und sogar Latrinen in den Hohlräumen.

Eine aktuelle Charakteristik dieser Miniaturvilla liegt vielleicht gerade in der funktionalen Zweckmäßigkeit, die dem Entwurf zu Grunde liegt, gekoppelt mit der Fähigkeit, den Raum im ästhetischen Sinn zu bewältigen und anzupassen.

Denkt man an die künstlerische Begabung, die Hadrian in den Quellen zugeschrieben wird, und besonders an seine Leidenschaft für die Architektur, und zieht man außerdem die Äußerung Plinius' in Betracht, er selbst sei der Schöpfer des geheimen Pavillons seiner Villa in Laurentum, dann muss angenommen werden, dass das Teatro Marittimo Ergebnis der direkten Mitarbeit des Kaisers selbst am Entwurf seiner Residenz ist.

Bibliothekenhof

Im Gegensatz zur allgemein gebräuchlichen Benennung dieses Geländes handelt es sich nicht um einen den so genannten Bibliotheken zugehörigen Hof, denn deren Fassade zeigt auf die andere Seite, sondern vielmehr um ein bereits existierendes Peristyl, das zur Zeit Hadrians verschiedene Gebäude miteinander verbunden hat: das kaiserliche Triklinium, die Hospitalia, den Kaiserpalast, die Thermen mit heliocaminus, das Teatro Marittimo und die Bibliotheken. Die in *opus incertum*-Technik gearbeiteten Mauern des Portikus, der ursprünglich von korinthischen Säulen getragen wurde, beweisen effektiv, dass es sich um ein Gebäude aus republikanischer Zeit handelt. Wir wissen nicht, wie der heute von Olivenbäumen besetzte zentrale Bereich ausgesehen hat, denn hier wurde nie gegraben, doch es ist anzunehmen, dass sich hier eine Reihe von Beeten und vielleicht auch Brunnen befanden, wie in anderen Peristylen der Villa. Auch das rechteckige Nymphäum auf der Südseite zwischen den beiden Bibliotheken gehörte bereits zur Anlage aus republikanischer Zeit, wie die *opus incertum* -Technik der Innenwände bezeugt. In der von Hadrian gewollten Abwandlung wurden die Mauern des Nymphäums von außen verstärkt, damit sie eine Zisterne tragen konnten, von der oberhalb des Gewölbes noch Teile erhalten sind, die die Wasserzufuhr der Brunnen unterstützen sollte, sicher mit dem Ziel, neue Wasserspiele anzulegen.

Bibliotheken

Das künstliche, als Garten angelegte Plateau oder auch obere Terrasse war von einer mächtigen, nischenverzierten Umfassungsmauer eingegrenzt, die in ihrer Mitte von einer die beiden Ebenen miteinander verbindenden Treppe unterbrochen ist. Hier erheben sich zwei Gebäude, die gemeinhin als griechische und lateinische Bibliothek bezeichnet werden. Die durch einen Portikus miteinander verbundenen Fassaden der beiden nach Norden ausgerichteten Gebäude zeigten auf den Garten, den ein langer parallel zu den Umfassungsmauern des Plateaus angelegter Brunnen ausgeschmückte. Die griechische Bibliothek hatte drei Stockwerke, von denen das obere eine Heizung besaß. Vom Erdgeschoß aus führte eine Außentreppe hinauf, die man auch vom Teatro Marittimo aus erreichen konnte. Die Diensträume und -korridore, wo sich die *praefurnia* (Feuerstellen) befanden, lagen im Zwischenstock und hatten keine direkte Verbindung zum oberen Stockwerk, ein Bauschema, das auch im Gebäude mit dem Fischteich auftritt. Heute kann man nur das Erdgeschoss der Bibliothek auf der Höhe des Gartens besichtigen. Zwar liegen hier die Einsturzreste des Gewölbes auf dem Boden, dennoch erkennt man die zwei aneinander grenzenden Hauptsäle, die auf einer Nord-Süd-Achse angelegt sind und eine Reihe von rechteckigen Nischen längs der ursprünglich in *opus sectile*-Technik ausgeführten Wände aufweisen. Die Gewölbereste des davor liegenden Raumes zeigen Spuren einer Mosaikverkleidung.
Von der zweistöckigen, lateinischen Bibliothek kann man zur Zeit nur das Erdgeschoss besichtigen. Sie ist ähnlich wie die griechische Bibliothek angelegt. Auch hier erkennen wir zwei hintereinander liegende Räume auf derselben Achse. Der vordere Raum mit rechteckigen Nischen geht auf den

Garten mit Brunnen hinaus, während sich in einer Apsis auf der Rückwand des dahinter liegenden Raumes ein auch von außen sichtbarer Sockel für eine Skulpturengruppe befindet. Sowohl die Wände als auch die Fußböden beider Räume waren mit Marmor verkleidet. Die beiden Gebäude sind verschieden interpretiert worden: Auf Grund der Nischen hat man sie als Bibliotheken ausgelegt, oder wegen ihrer Nordausrichtung auf die Gärten, auch als Sommer-Speisesäle; andere Experten sehen in ihnen *turres* (Türme), die den Wohnsitz des Kaisers signalisieren sollten, wie bei Vitruv nachzulesen ist.

Neuere Interpretationen deuten sie als monumentale Eingänge zum Kaiserpalast. Sicher kann man davon ausgehen, dass die beheizten Räume im oberen Stockwerk der griechischen Bibliothek im Winter genutzt wurden und dass zumindest dieser Teil des Gebäudes als Wohnraum diente. Auch die Nähe zum Teatro Marittimo, zu dem es auch einen direkten Zugang gibt, und die Verbindung zweier Bauelemente wie Turm und Insel, in den Quellen im Zusammenhang mit den *otium*-Villen beschrieben, lassen uns vermuten, dass dieses Gebäude vom Kaiser selbst benutzt wurde.

Hospitalia und Kaiserliches Triklinium

Kapitell des dem Kaiserlichen Triklinium vorgelagerten Portikus.

Nachdem Hadrian beschlossen hatte, seine offizielle Residenz auf dem Gelände der Villa aus republikanischer Zeit errichten zu lassen, ließ er zum Bau der neuen Pavillons des Palastes die bereits existierenden Gebäude umbauen oder ihre Gemäuer und Unterbauten integrieren. Das Areal um die sogenannten Hospitalia und das kaiserliche Triklinium in der Nähe der Umfassungsmauern des Gartens der alten Villa bezeugen diese Bauphase ganz deutlich.

Trotz der Benennung als kaiserliches Triklinium und obwohl sich hier schöne Fußböden mit schwarz-weißem Mosaik und einer Vielfalt von geometrischen und florealen Motiven befinden, die zu den besterhaltenen der Villa gehören, muss davon ausgegangen werden, dass dieser Abschnitt nicht vom kaiserlichen Gefolge selbst benutzt wurde, denn polychrome Mosaiken mit Bilddarstellungen und Fußboden in *opus sectile*-Technik fehlen gänzlich (im Gegensatz zum Pavillon des nahen Tempe-Tals). Er könnte also dem Dienstpersonal mittleren Ranges, möglicherweise den Offizieren der Prätorianer-Kohorte, zugedacht gewesen sein. Der Baukomplex der *Hospitalia* (Gästezimmer) auf einer der schmalen Seiten des Bibliothekenhofes besteht aus einem, mit einem Mosaik aus schwarzen Kreuzen auf weißem Untergrund ausgeschmücktem breiten Korridor, mit doppelter Abfolge von *cubicula* (Schlafkammern). Jede Schlafkammer konnte drei Betten aufnehmen, deren Position aus unterschiedlichen, geometrischen Mustern im Mosaikfußboden hervorgeht. Der restliche Fußbodenbelag ist mit florealen Dekorationselementen in unterschiedlicher Ausrichtung zueinander ausgeschmückt. Die Wände besaßen einen bemalten Verputz, von dem sich an einigen wenigen Stellen noch Spuren finden. Der zentrale Korridor endet in einem weiten Saal mit Nischen auf der Rückwand und die hier angewandte Mauertechnik (fast ein *opus reticulatum*) läßt auf die Verwendung von republikanischen Gebäudeteilen schließen. Die Nischen waren wohl ursprünglich die Seiteneingänge zum Kryptoportikus, der zur Zeit Hadrians von einem seitlichen Korridor der Hospitalia aus zugänglich war. Die Nischen wurden in die Rückwand des Hauptraumes der Hospitalia integriert und ausgefacht, mit Ausnahme der Zentralnische, in der vor Ort ein Statuensockel gefunden wurde, der darauf hinweist, dass dieser Saal eine heilige Kultstätte gewesen ist. Eine L-förmige Grube im angrenzenden Raum auf der Westseite des Gebäudes war wohl eine Gemeinschaftslatrine, während sich die Hauptlatrine in der Nähe des Eingangs hinter einem *cubiculum* befand. Neben der Latrine, aber nicht direkt mit ihr verbunden, führte eine Treppe, die auf eine spätere Nutzung der Villa schließen läßt,

Fußbodenmosaik in einer der Räumlichkeiten der Hospitalia.

zum Bibliothekenhof.
Auf der gegenüberliegenden Seite führte eine Treppe zum sogenannten kaiserlichen Triklinium, das um einen großen Speisesaal herum angelegt ist, der einen Mosaikfußboden mit schwarz-weißem Rautenmuster aufweist und von zwei Korridoren mit einer Abfolge von mehreren Räumen eingerahmt war. Die Nordausrichtung des Saals, sowie ein später hinzugefügter Portikus mit Terrasse lassen vermuten, dass dieser Flügel hauptsächlich im Sommer benutzt wurde. Hinter dem Triklinium führt ein mit weißem Mosaik ausgelegter Kryptoportikus mit Oberlicht über eine Seitentreppe zu den Hospitalia und auf der anderen Seite zum Garten, wo sich der Eingang zum Pavillon im Tempe-Tal befand: Zur Errichtung dieses Raumes in der Nähe der Gartenterrasse aus der Zeit vor Hadrian wurden die republikanischen Umfassungsmauern genutzt. Die beiden Gebäude standen allerdings auf einer niedrigeren Ebene im Vergleich zum unterstützten Erdwall aus republikanischer Zeit, der auch unter Hadrian als Garten diente. Zur Ableitung des Regenwassers wurde ein komplexes System von Becken und Kanälen angelegt, welches, die Hohlräume zwischen den Alkoven sowie zwischen den Schlafzimmern und den republikanischen Umfassungsmauern nutzend, entlang der *cubicula* und dann unter dem Fußbodenbelag des Kryptoportikus im Triklinium weiter verläuft.

Das kaiserliche Triklinium ist auch als Atrium der Villa Hadriana bezeichnet worden, weil die von Norden kommende Via Repubblicana, am Venustempel vorbei, hierher führte. Wie schon angemerkt wurde ist, gibt es keinen Zugang von der unteren Terrasse der Bibliotheken zur Terrasse des Trikliniums, deren Umfassungsmauern nicht für so erhaltenswert erachtet wurden, denn ein Teil wurde entfernt, begonnen bei der äußeren Ostwand des zum Garten der Bibliotheken gehörenden Unterbaus mit Nischen.

Terrasse und Pavillon des Tempe-Tals

Kaiserlicher Palast

Ein weiterer Ort in Hadrians großartiger Kaiserresidenz in Tivoli, der bei Aelius Spartianus erwähnt wird, ist Tempe, das Tal Thessaliens, das man in dem künstlichen Plateau jenseits des Nymphäums mit Venustempel erkannt hat und wo sich ein Wald mit jahrhundertealten Bäumen befindet. Auf der Erdterrasse, deren hohe Unterbauten man von unten aus betrachten kann, erhebt sich ein „Stallone" genannter, dreistöckiger Pavillon. In einem großen Raum im Erdgeschoß befindet sich eine mit Kalkstein bzw. künstlichen Stalaktiten ausgeschmückte Zentralnische, die den Raum als Nymphäum auszeichnet. Hier wurden zu Beginn des 19. Jahrhunderts Teile einer Herkulesstatue gefunden. Von dieser Ebene aus führte eine Außenrampe, von der die heutige eine getreue Nachahmung ist, zu einem an das Triklinium angrenzenden Zwischenstock mit mehreren Räumen. Der Saal mit Blick auf das Tal ist wegen seiner Größe und Lage sicherlich der wichtigste auf diesem Stockwerk: Zweifellos war er verkleidet, wie die Löcher für die Halteklammern der Marmorplatten an den Wänden verraten und besaß ursprünglich einen Fußbodenbelag, aber nicht in *opus signinum* (eine Restaurierung aus dem 19. Jahrhundert), sondern in *opus sectile*, wie auch die übrigen Räume, inklusive Latrinen. Letztere befanden sich in einem Hohlraum unter der Treppe zum oberen Stock, von dem fast nichts mehr erhalten ist. Von hier aus kann man auch heute noch die darüber liegenden Gärten des Palastes erreichen. Es ist anzunehmen, dass der dem Kaiser vorbehaltene Pavillon zur Überbrückung des Höhenunterschiedes zwischen der Terrasse des Tempe-Tals und dem Wohnbereich des Palastes entworfen worden war und somit eine äußere Verbindung vom griechischen Theater zur Piazza d'Oro darstellte.

Der Palast, ursprünglicher Kern der Kaiserresidenz, befindet sich auf dem Gelände der republikanischen Villa, von der Räume und einzelne Mauern Verwendung fanden, was stellenweise noch am Mauerwerk der einzelnen Bauteile zu erkennen ist. Sehr gut erhalten ist zum Beispiel der Kryptoportikus des alten Gebäudes. Sein Gewölbe war mit einem Mosaik aus Marmorsplittern, Glaspaste und Muscheln ausgeschmückt, mit vorherrschend geometrischen, in konzentrischen Einrahmungen eingefassten Motiven. An einem der äußeren Enden des südlichen Seitenarms befand sich in einer halbkreisförmigen Nische ein Brunnen, der dazu beigetragen hat, dem Ort die besonders im Sommer ersehnte frische Atmosphäre zu verleihen. Zur Zeit Hadrians wurde die unterirdische Galerie trotz ihrer wertvollen Dekoration jedoch nur als Dienstkorridor genutzt, wie aus dem Umbau des westlichen Seitenarms hervorgeht, der ursprünglich zu dem Brunnen führte, dann aber in mehrere Räume unterteilt wurde. Auch die obere Ebene wurde umgestaltet, indem man die bereits vorhandenen Gebäude abriß, um hier einen Pfeilerhof anzulegen.
Über eine Treppe gelangte man vom Bibliothekenhof auf Höhe des Palastes. Dieser war in mehrere Abschnitte mit Innenhöfen und nicht überdachten, von Säulen und Pfeilern umrahmten Gartenanlagen aufgeteilt. Entlang der Ostseite befand sich eine ausgedehnte Grünfläche, auch Obere Gärten genannt, die schon zu republikanischer Zeit dieselbe Funktion hatte, über die wir aber keine näheren Informationen besitzen. Der langwierigen Entdeckungsphasen der einzelnen Flügel dieses groß angelegten Komplexes folgte die Plünderung seiner Einrichtung, Verkleidung und architektonischen Elemente, worunter

manchmal sogar die Bausubstanz leiden musste, und das erschwert die Einordnung der noch erhaltenen Reste in den fachmännisch rekonstruierten Gesamtplan. Auf der Nordseite ist ein viereckiger Raum erkennbar, der auf einen Pfeilerhof über dem republikanischen Kryptoportikus hinausgeht. Er weist eine Reihe von kleinen, rechteckigen Nischen, sowie eine runde Nische in der Rückwand auf, weshalb man ihn als Bibliothek identifiziert hat: In den Mauernischen sollen die Regale für die *volumina* angebracht gewesen sein. Von einem der beiden angrenzenden Räume aus, die ebenfalls auf den Säulenhof hinausgehen, gelangt man zum so genannten Triklinium der Zentauren, einem von zwei Säulenreihen in drei Schiffe unterteilten Apsidialsaal auf der Ost-West Achse. Er besaß einen besonders wertvollen und ausgearbeiteten Mosaikfußboden mit Bilddarstellungen verschiedener Art: Abbildungen von Zentauren im Kampf mit wilden Tieren, heute in den Berliner Museen, sowie von Gottheiten und Masken, die sich in den Vatikanischen Museen befinden und dort zum Teil im Maskenkabinett zu sehen sind, wo sie wahllos mit Werken aus anderen Gebäuden der Villa zusammengefügt und ausgestellt sind.
Im Zentralbereich ist weiterhin ein weißes Fußbodenmosaik mit bunten Marmorfragmenten sichtbar, das auf den Portikus aus republikanischer Zeit zurückreicht und unter Hadrian zusammen mit den auf die Ostseite des Hofes hinausgehenden *cubicula* wiederverwendet wurde. Heute zeigt sich uns dieser Raum als ausgedehnter, nicht überdachter Bereich. Von hier aus gelangt man durch ein Portal zu einer halbkreisförmigen, von einer Säulenreihe umrahmten Exedra, hinter der sich ein Hof in *opus spicatum* verbirgt. Auf der gegenüberliegenden Seite befindet sich ein großes, nur zur Hälfte ausgegrabenes Nymphäum, das die Rundform der Exedra aufgreift. Wie aus den Grabungsuntersuchungen hervorgeht, war es ursprünglich gestuft und mit von Brunnen besetzten Nischen ausgeschmückt, von denen das Wasser in ein Becken zu Füßen der *cavea* floss. Am westlichen, äußeren Ende des Palastes, in Nähe der Kaserne der Wachtmannschaft, befindet sich der sogenannte Sommer-Speisesaal, ein halbkreisförmiger Saal mit ansatzweise erhaltenem Gewölbe und Wandnischen für Statuen und Brunnen. Durch ein gemauertes, heute nicht mehr vorhandenes *stibadion* (Marmorbänkchen mit angeschrägter Oberfläche) wurde der Raum als Speisesaal oder *coenatio* identifiziert. Bei näherer Betrachtung erinnert er in vereinfachter Weise mit seiner Typologie der Wasserspiele in Form von kleinen Wasserfällen, die in einen Kanal jenseits des Trikliniums strömten, an das Bauschema des Serapeion. Vor dem Saal erstreckte sich ein weiter Garten.

Gebäude mit Dorischen Pfeilern

Dicht am Sommer-Speisesaal und den Exedren der republikanischen Anlage wurde in der zweiten Bauphase der Villa ein mehrere Bereiche verbindendes Bauwerk errichtet, eine Art Nahtstelle zwischen den auf der Ostachse liegenden Gebäuden und denen auf der gegenüberliegenden Seite; von hier aus erreichte man den Sommer-Speisesaal, das Gebäude mit dem Fischteich, das Außenperistyl und die Piazza d'Oro.
Über einen Korridor mit Fußbodenmosaik, ausgeführt in kleinen, verschiedenfarbigen Rauten, gelangte man in einen großen rechteckigen Portikus mit kannelierten Pfeilern und einem mit Metopen und Triglyphen im dorischen Stil verzierten Gebälk (daher die Benennung „Gebäude mit Dorischen Pfeilern"). Der in den fünfziger Jahren zum Teil wieder aufgebaute Pfeilerhof war mit einem Tonnengewölbe überdacht und sowohl die Wände als auch der Fußboden besaßen eine Marmorverkleidung.

Umstritten ist die Art der Überdachung des zentralen Bereiches, dessen Fußboden mit diagonal verlegten, graubraunen Marmorplatten verkleidet war: Er könnte entweder ein Walmdach besessen haben oder gar nicht überdacht gewesen sein, und somit hätte es sich nicht um einen Saal gehandelt, sondern um einen großen Hof.
Von der Ostseite aus gelangte man in den von Korridoren flankierten Hauptraum der auf einen weiteren, diesmal von Säulen getragenen Portikus hinausgeht. Dahinter befand sich ein Garten mit apsisbesetzter Rückwand: In der Mitte der halbkreisförmigen, nischenbesetzten Umfassungsmauer befand sich eine Statuengruppe, von der nur noch der Sockel erhalten ist.
Die Ausrabungsuntersuchungen haben ergeben, dass auf diesem Gelände eine Grünfläche angelegt war und haben somit die Annahme widerlegt, dass es sich hier um Hadrians Thronsaal handelte.

Ansicht der süd-östlichen Ecke mit Anastylose.

Piazza d'Oro

Vestibül.

Fußbodenmosaik des Portikus in *opus sectile*.

Das die Südseite abschließende Nymphäum, auf einer Achse mit dem Vestibül.

Schon der Name gibt Auskunft über die äußerst reiche architektonische und bildhauerische Ausstattung dieser Anlage. Ab dem 16. Jahrhundert wurde sie aus eben diesem Grund systematisch ihrer Verkleidungen beraubt und mehrere Male auf oft erfolgreicher „Schatzsuche" durchgraben. Hierher stammen zahlreiche berühmte Marmorskulpturen und Architekturelemente, nun im Bestand verschiedener ausländischer Museen und Sammlungen. Nichtsdestotrotz konnte noch gegen Ende des 18. Jahrhunderts eine größere Anzahl von „Säulen aus grauem Marmor mit korinthischen Kapitellen" geborgen werden (Centini-Ausgrabungen 1783), die nun im Musensaal der Vatikanischen Museen ausgestellt sind; einige während der Ausgrabungsarbeiten unter Lanciani im 19. Jahrhundert aufgefundene Büsten und Portraits hingegen befinden sich heute im Römischen Nationalmuseum und im Antiquarium des Canopos in der Villa Adriana. Die Bedeutung und Geltung dieses Abschnitts der Villa zur Zeit Hadrians und auch nach seinem Tod wird auch durch die Auffindung der kaiserlichen Portraits von Sabina, Mark Aurel und Caracalla deutlich.

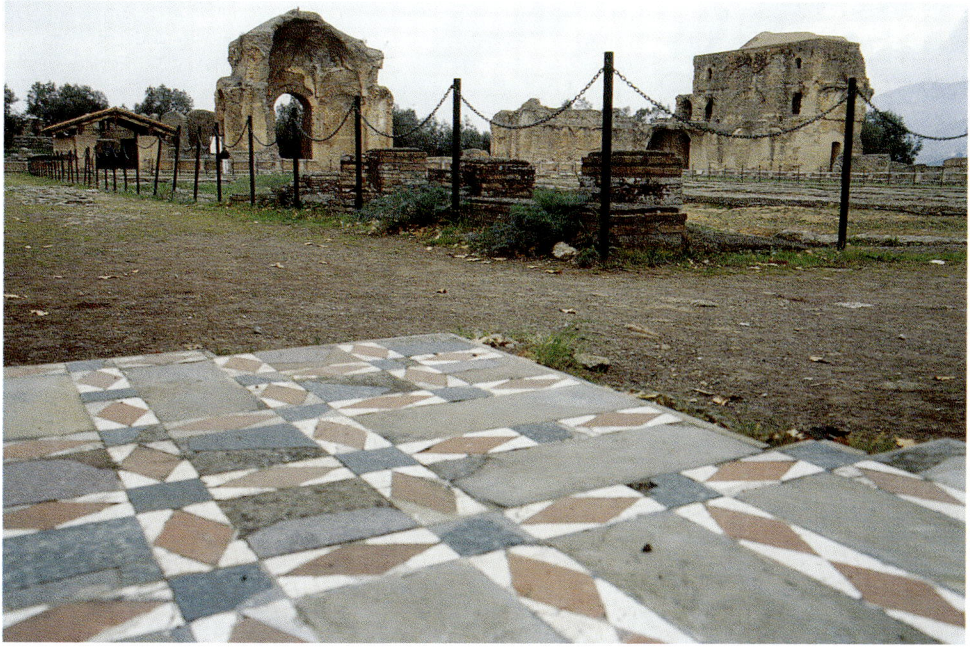

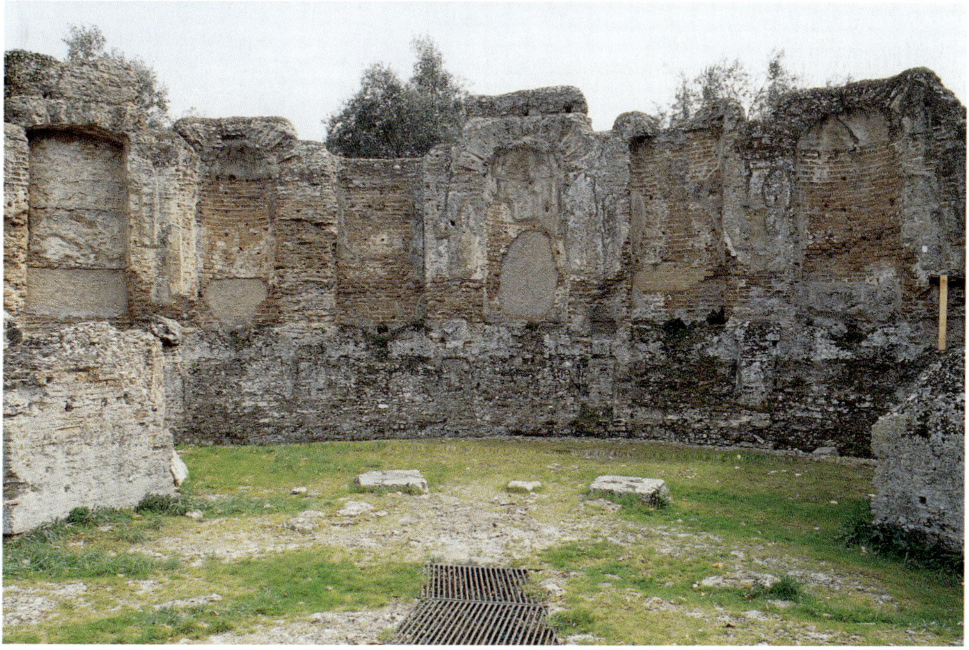

Fries mit Jagdszenen.

Friese mit Meeresreigen.

Das Gebäude besitzt einen großen Garten im Zentrum, der seiner ganzen Länge nach von einem großen rechteckigen Wasserbecken durchzogen wird, flankiert von einer Reihe symmetrisch angeordneter Beete und Becken und umgeben von einem großartigen Pfeilerhof mit vorgelegten Halbsäulen aus Ziegelsteinen. Der überdachte Teil war mit Säulen aus Cipollinmarmor, die sich mit Säulen aus grünem Granit abwechselten, in zwei Schiffe unterteilt; im Verhältnis zu den in Richtung Garten liegenden Pfeilern verdoppelt sich der Achsabstand zwischen den Säulen. Die mit Pfeilern besetzte Rückwand, denen wiederum gemauerte Halbsäulen vorgelagert sind, wird von kleinen Bogen ausgeschmückt, die von Lisenen getragen werden. Das Mauerwerk war höchstwahrscheinlich stuckverziert oder hatte einen bemalten Verputz. Entlang der Längsseiten führen parallel zum Portikus zwei Korridore zu den verschiedenen Räumen. Das Gebäude betritt man über einen nach Osten hin offenen Säulengang, der mit einem Pultdach abgedeckt war, was aus den Löchern zur Halterung der Dachbalken in den Abgrenzungsmauern des Portikus hervorgeht. Die hohe Mauer auf dieser Seite diente zur Abgrenzung des Eingangs dieses Empfangsraumes von der so genannten *Casa colonica* (Pächterhaus), deren Reste man hinter dem nördlichen Portikus der Piazza d'Oro sehen kann. Es handelt sich hier um ein älteres Gebäude mit schlichtem Mosaikfußboden, war also höchstwahrscheinlich dem Dienstpersonal vorbehalten. Den Eingang zum Garten der Piazza d'Oro bildet ein Vestibül mit oktagonalem Grundriss, das mit einer Abfolge abwechselnd rechteckiger und halbkreisförmiger Nischen besetzt und von einer Schirmkuppel mit großer Scheitelöffnung überdacht war. Zwei kleinere, nischenbesetzte Räume umrahmten es, von denen der auf der Ostseite zum Teil erhalten ist und einen

ausgearbeiteten, polychromen Mosaikfußboden mit Rautenmotiv aufweist: Bemerkenswert ist der chromatische Effekt, der durch eine gekonnte Zusammenstellung der verschiedenen Farbtöne und den Einsatz winzig kleiner Mosaiksteine erzielt wurde, was zu dem Eindruck eines schrittweisen Überganges von einer Farbe in die andere beiträgt. Auf der gegenüberliegenden Seite des Gartens, dort wo sich die Haupträume befinden, sind verschiedene architektonische Elemente in gewagter Zusammenstellung und mit bühnenwirksamen Effekten hellenistischer Inspiration in eine gegliederte Sequenz gebracht, die von Wasserspielen abgerundet wird.
Im Zentrum befindet sich ein großer Saal, der zu den eigentümlichsten und umstrittensten Räumen der Villa gehört. Durch ihre Anordnung bildeten seine Säulenreihen einen achteckigen Grundriss mit abwechselnd konkaven und konvexen Seiten und zwar

Portrait Mark Aurels;
Rom, Römisches Nationalmuseum, Palazzo Massimo alle Terme.

Portrait Vibia Sabinas.

innerhalb eines Quadrates, dessen Ecken mit kleinen Apsidialnymphäen besetzt waren. Im Gemäuer der Pilaster sind sechs Einzellatrinen untergebracht. Nach Meinung einiger Fachleute überspannte den Saal eine gewagte Kuppel. Andere Forscher hingegen halten es für wahrscheinlicher, dass er nicht überdacht war oder aber eine Überdachung aus weniger dauerhaftem Material wie zum Beispiel Holz besaß. Auf seiner Rückwand befand sich ein großes halbkreisförmiges Nymphäum: Hier sprudelte das Wasser aus sieben Nischen, die ursprünglich von Ädikulae mit Säulen in *giallo antico* auf Konsolen aus *Pavonazetto* (blauvioletter Marmor) und mit Statuen ausgeschmückt waren.

Aus dem Sammelbecken zu Füßen der Nischen wurde das Wasser in die Brunnen des zentralen Saales weitergeleitet und floss von da aus in das längliche Hauptbecken und in die kleineren Brunnen des Gartens. Auf den Seiten des Saales führten zwei kleine Höfe in verschiedene, symmetrisch angeordnete Räume mit Tonnengewölbe. Umstritten ist die Funktion dieses Pavillons: Im Hauptsaal hat man eine *coenatio* (Speisezimmer) erkannt, doch neuere Untersuchungen haben diesen Raum mit Hadrians *stoà* in Athen verglichen und identifizieren in ihm die kaiserliche Bibliothek.
Auf der Ostseite des Gartens befindet sich eine weitere Abfolge von nicht sehr gut erhaltenen Räumen, zu denen auch ein kleiner, rechteckiger Apsidialraum mit grob ausgeführten Mosaiken und drei Nischen auf einer der Längsseiten gehört, sowie ein größerer, halbkreisförmiger Raum mit Gewölbeüberdachung, aus dessen Nischen auf der Rückwand höchstwahrscheinlich Wasser strömte und in ein vorgelagertes, elliptisches Becken floss. Auf Grund von Analogien zur Planimetrie des Serapeions hat man hierin eine Sommer-*coenatio* erkannt. In den dicken Mauern sind Latrinen untergebracht. Ganz in der Nähe lag ein weiterer Raumkomplex mit einem sehr schlecht erhaltenen Fußbodenbelag in *opus sectile*. Eine Ebene tiefer, taleinwärts, befand sich die Arena der Gladiatoren, von der nicht viel erhalten ist. Dahinter lag vermutlich ein Stadion, von dem ein Marmormodell in der Villa gefunden wurde, das im Didaktischen Museum untergebracht ist. Neben dem Raum mit dem polychromen Mosaik befindet sich der Eingang zum Kryptoportikus. Dieser verläuft auf der Nordseite der Piazza d'Oro und führt in rechtem Winkel auf eine befahrbare, unterirdische Straße. Durch eine Galerie auf der Ostseite der Anlage bis hin zum

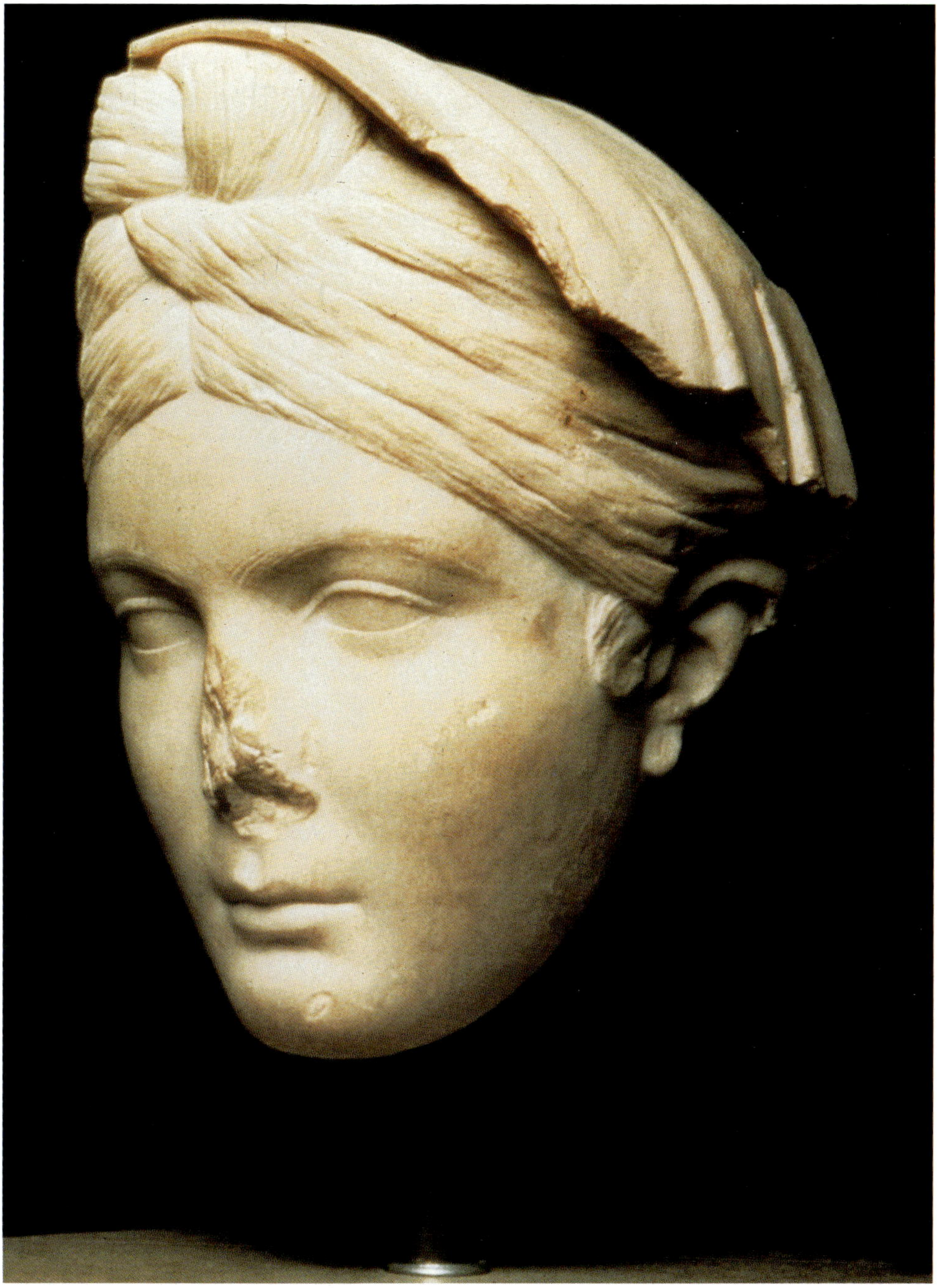

Herastatue vom Typ Ephesos.

Rekonstruktiver Grundriß der Anlage.

großen Trapez konnte man diesen Abschnitt der Villa also auch zu Pferd oder im Wagen erreichen.
Die Typologie der Räume, die Wasserspiele, die ausschließliche Anwendung der *opus sectile*-Technik bei allen Fußböden dieses Gebäudes (mit Ausnahme der beiden Räume des Vestibüls, die jedoch ein ausgearbeitetes Mosaik aufwiesen, und dem rechteckigen Raum in der Nähe des Trikliniums, der nicht überdacht war und daher nur ein grob gearbeitetes Mosaik besaß) und schließlich die reiche Marmorverkleidung, die aus den zahlreichen Löchern für die Halterungsklammern hervorgeht, bestätigen die Annahme, dass dieser Bereich der Villa trotz seiner etwas versteckten Lage eng mit den öffentlichen Funktionen des Palastes verknüpft war.

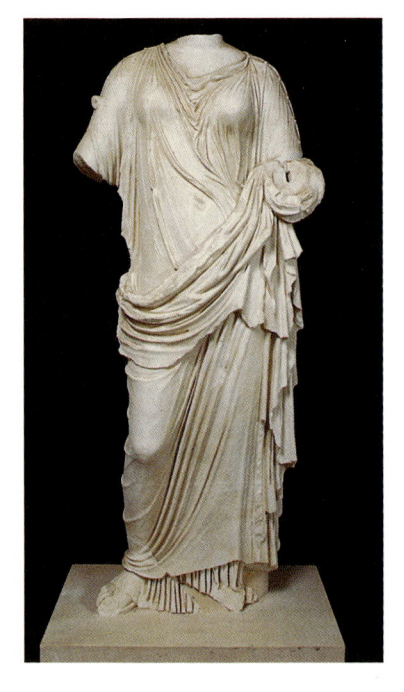

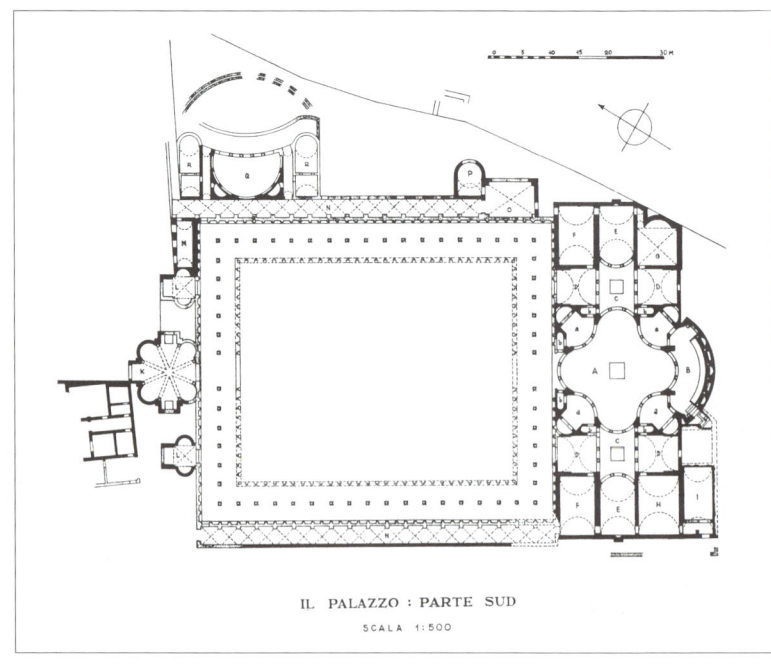

IL PALAZZO : PARTE SUD
SCALA 1:500

Kaserne der Wachtmannschaft

Die Entstehung der Kaserne geht auf die erste Bauphase der Villa zurück, als sie im Vergleich zur Kaiserresidenz noch etwas abseits lag. Das mehrgeschossige Gebäude ist symmetrisch um einen zentralen Innenhof angeordnet und man hat hierin, auf Grund von Analogien zur Kaserne der Feuerwehrmannschaft in Ostia, die Unterkünfte der in der Villa bediensteten Wachtmannschaft erkannt. Zweifellos handelt es sich um ein Dienstgebäude, dafür sprechende Indizien sind der Fußbodenbelag in *opus spicatum* des Innenhofs und der Räume im Erdgeschoss, sowie die Verwendung von Holz zum Bau der Verbindungstreppe zu den oberen Stockwerken, und zur Verkleidung des Fußbodens der übrigen Räume entlang des Balkons. Eine neuere Annahme geht davon aus, dass es sich hier um die Küche des Palastes und einen Vorratsraum gehandelt haben könne, doch sowohl die Lage, als auch das Vorhandensein einer Wachstube und der Latrinen auf der Ostseite, scheinen die ursprüngliche Annahme eher zu bestätigen. Die Tatsache, dass es sich um ein allein stehendes, wenn auch schlichtes Gebäude handelt, deutet darauf hin, dass hier sicher nicht die niedrigeren Ränge des Dienstpersonals untergebracht waren, denn deren Räume befanden sich in den Unterbauten, wie zum Beispiel in den „Cento Camerelle".

Die Latrinen

Mit Beginn des 2. Jahrhunderts v. Chr. kommen in Rom öffentliche Latrinen monumentaler Machart auf und ersetzen solch rudimentärere Einrichtungen wie Terracottabehälter, bei denen es sich auch um schon gebrauchte Stücke handelte, die für die Neuverwendung zweckentfremdet wurden (zum Beispiel Amphoren, deren Hals zur Verbreiterung der Öffnung abgesägt wurde) und die dann als Pissoirs am Straßenrand aufgestellt wurden.
Beispiele für neue Typologie der Latrinen finden sich in den Gebäuden der kaiserlichen Thermalanlagen und in der Villa Hadriana, nämlich in den Hospitalia, der Kaserne der Wachtmannschaft, in den Räumen auf der Westseite des Canopos oder auch in den „Cento Camerelle". Als Latrine diente ein viereckiger Raum, in dem sich auf drei Wandseiten eine Sitzbank aus Stein oder Marmor befand. Diese hatte, je nach Anzahl der vorgesehenen Besucher, eine Reihe von Öffnungen. In der Toilettenbenutzung weichen die römischen Gewohnheiten von unseren ab, denn die Römer kannten keine Intimsphäre, sondern ihre Latrinen waren so angelegt, dass eine größere Gruppe sie gleichzeitig benutzen konnte. Ganz selten waren Einzellatrinen, die offensichtlich dem Kaiser und seinem Gefolge vorbehalten waren, was auch an der Marmorverkleidung von Wänden und Fußboden ablesbar ist. Hierfür finden sich in der Villa Hadriana Beispiele im Teatro Marittimo, im Pavillon des Tempe-Tals, in der Piazza d'Oro, im Winterpalast, im Canopos und im Turm von Roccabruna. Unter dem Sitz war eine Kloake mit fließendem Wasser. Die Abflusskanäle wurden also kontinuierlich in das Kloakennetz entleert. Unterhalb der Sitzbank war ein kleiner Kanal in den Boden eingelassen, ebenfalls mit fließendem Wasser, der zur Benetzung der mit Griffen versehenen Schwämme diente, die in den Schriftquellen beschrieben sind.

Gebäude mit dem Fischteich

Säule und Kapitell.

Dieses aus zwei aneinander grenzenden Bauten bestehende Gebäude befindet sich auf der zum Nymphäum-Stadion ausgerichteten Seite. Seine drei Stockwerke waren im Inneren durch gemauerte Treppen miteinander verbunden. Die Räume im mittleren Stock waren schlichter und viel kleiner, die Korridore enger, weshalb man sie für Diensträume zur Versorgung der *praefurnia* hält. Ganz bezeichnend für dieses Gebäude ist nämlich, dass sich in den oberen Stockwerken *suspensuriae* (erhöhte Fußböden) befanden; es ist denkbar, dass auch die Räume des Erdgeschosses, die im Vergleich zu denen des Nymphäum-Stadions etwas erhöht liegen, eben weil sie *suspensuriae* besaßen, durch eine Fußbodenheizung erwärmt wurden. Auf diese Besonderheit geht die dem Gebäude zugeordnete Bezeichnung Winterpalast zurück. In Anbetracht seiner dominierenden Lage im Vergleich zu den umliegenden Gebäuden, der zentralen Lage im Gesamtkomplex und der kostbaren Wand- und Fußbodenverkleidung aus Marmor, die man heute nur noch an Hand der Abdrücke im Mörtel und an den Löchern für die Halteklammern rekonstruieren kann, ist denkbar, dass es sich hier um den eigentlichen Wohnsitz des Kaisers handelte, denn da er beheizbar war, konnte er auch im Winter bewohnt werden. Der Aufbau weist die für eine Kaiserresidenz typischen Bauelemente auf, wie Repräsentationssäle und eine Reihe kleinerer Räume, mit Peristyl und Kryptoportikus, um je nach Jahreszeit in der Sonne oder im Schatten zu wandeln, sowie einen großen Garten mit Räumlichkeiten für sommerliche Essensgelage, heute im angrenzenden Nymphäum-Stadion erkennbar. Wie beim größten Teil der Gebäude des Kaiserpalastes, haben auch hier der Prunk und die luxuriöse, architektonische Ausstattung im Laufe der Jahrhunderte eine systematische Plünderung aller Marmorverkleidungen, sowie der Säulen und Gebälkteile zur Folge gehabt, die dann bei neuen Bauten weiter verwendet wurden. Auch wenn heute nur noch die Gemäuer des vorderen Pavillons erhalten sind, so können wir uns dennoch ein Bild davon machen, wie imposant die Räume und insbesondere der große Saal gegenüber dem Nymphäum-Stadion gewesen sein

Signatur Piranesis auf dem Gewölbe des Kryptoportikus mit Fischteich.

müssen. Der Saal diente im Winter vermutlich großen Banketts und Zeremonien. Von hier aus blickte man auf den Garten der Poikile und weiter auf die Campagna bis nach Rom. Der etwas zurückversetzt liegende Raum war möglicherweise ein Audienzsaal, mit einem großen, von Säulen umgebenen Podium. Nebenan, auf der Nordseite, befanden sich Einzellatrinen, untergebracht im Gemäuer der Pfeiler, die das Kreuzgewölbe eines Apsidialraumes tragen.

Hinter dem Wohnbereich befindet sich der so genannte Fischteich, ein großes rechteckiges Becken, das mit einem Statuenzyklus dekoriert war, wie aus den in gleichmäßigen Abständen liegenden Nischen rings um den Beckenrand abzulesen ist. Eingerahmt war es von einem großen Portikus mit korinthischen Säulen und einem Fußbodenbelag in *opus sectile*. Zwischen dem Portikus und dem Becken wurde aus rein funktionellen Gründen ein abgesenkter, nicht überdachter Korridor mit Mosaikfußboden angelegt: Im Höhenunterschied dieser Absenkung befinden sich an den Außenseiten nämlich vierzig ausgeschrägte, vom Säulengang überdachte Fenster zur Licht- und Luftzufuhr einer unterirdischen Galerie. Letztere liegt unter dem Portikus und ist auch heute noch über eine gemauerte Treppe zu erreichen, die mit weißem Marmor verkleidet war. Die Galerie besteht aus vier verputzten Seitenarmen: Auf den noch erhaltenen verputzten Elementen kann man die Unterschriften der Besucher und auch berühmter Künstler, wie zum Beispiel Piranesi, lesen. Durch die beachtliche Erdaufschüttung, die einst den Kryptoportikus ausfüllte, konnten die Besucher ihre Unterschrift, oft mit Angabe des Datums und des Herkunftslandes versehen, auch oben am Gewölbe anbringen.

Nymphäum-Stadion

Bis zu den Ausgrabungen in den fünfziger Jahren wurde dieser Abschnitt vor dem Gebäude mit Fischteich, das auf dieser Seite seinen Haupteingang hatte, wegen seiner komplexen Form als Stadion bezeichnet, war aber eigentlich ein großer Garten mit Brunnen und Pavillons. Im Norden stand dieser Abschnitt in direkter Verbindung zur Poikile und den Thermen mit Heliocaminus, war durch einen unterirdischen Gang aber auch mit dem Marittimotheater und dem Saal der Philosophen verbunden, während es im Süden einen direkten Zugang zu einem den Kleinen Thermen vorgelagerten Quadriportikus hatte. Den Haupteingang zum Nymphäum-Stadion bildete das Gebäude mit Drei Exedren. Auf einer Achse mit dem zentralen Saal dieses Letzteren lag ein Hof, der möglicherweise bepflanzt und von Säulengängen umgeben war. Diese führten zum Gebäude mit dem Fischteich auf der gegenüberliegenden Seite des Hofes, der so einerseits als Nahtstelle fungierte, aber auch die Aufgabe hatte, die beiden verschieden angelegten Flügel des Nymphäum-Stadions zu trennen.

Der Nordflügel bestand aus einem großen, rechteckigen Garten mit Säulenhof, von dem aus man in drei Räume gelangte. Deren mittlerer weist eine erhöhte Nische auf, die wohl eine schon von Weitem sichtbare Statue beherbergte. Am äußeren Ende befand sich wahrscheinlich eine Latrine. Den Garten schmückte ein langes, rechteckiges Wasserbecken, flankiert von zwei noch erhaltenen, ebenso großen Blumenkästen. Es folgte ein von Pfeilern umgrenzter Abschnitt, der vermutlich mit einem Laubengang ausgestattet war, und in dessen Mitte ein quadratischer Brunnen stand, um den sich sechs kleinere, sechseckige Brunnen verteilten. An einen der beiden Säulengänge des Haupthofes grenzte ein zum Hof hin offener Pavillon (heute zerstört, wie fast das ganze umgebende Gelände), der von Mauern und Säulen eingegrenzt war. Wie er überdacht war, ist umstritten.

Auf der gegenüberliegenden Seite, die ihren Abschluss in einem großen Brunnen mit gestufter Exedra und

Ionisches Kapitell aus weißem und grauen Marmor.

Gruppe der Niobiden aus grauem Marmor.

Niobide Chiaramonti aus weißem Marmor; Vatikan, Vatikanische Museen.

Laufende Niobide aus grauem Marmor.

Zentralnische sowie einem kleinen Wasserfall für Wasserspiele findet, erkennt man ein großes, rechteckiges, von Säulen umgebenes Podium: Die Lage dieses Raumes mit Blick auf den zentralen Hof und den Monumentalbrunnen, lässt vermuten, dass es sich hier um einen Sommer-Speisesaal handelt, dessen Seiten möglicherweise nur von Vorhängen abgeteilt waren, der aber einen kostbaren Marmorfußboden besaß. Dieser Saal sollte ein bewußter Verweis auf ähnliche Beispiele sein, die zur selben Zeit in Rom entstanden waren, wie das Auditorium von Maecenas, das von Tiberius zum Sommer-Triklinium umgestaltet wurde und in seinem Grundriss ebenfalls eine Apsis mit gestufter *cavea* für Wasserspiele besaß.

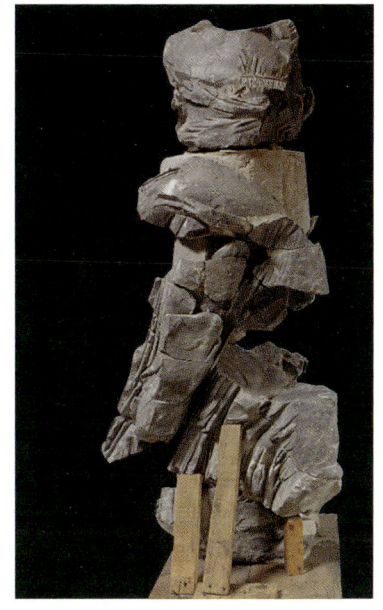

Kleine Thermen

Außenansicht in Richtung Vestibül.

Die nach Norden ausgerichtete Fassade mit ihren drei, ursprünglich von Säulen eingerahmten Nischen ist in *opus reticulatum*-Technik gemauert und damit ein gutes Beispiel dafür, wie unter Hadrian Gebäude aus vorherigen Epochen weiterverwendet wurden. Deren Ausrichtung beeinflusste mit ihrer ungewöhnlichen Form den Grundriss der ganzen Anlage. Von der Fassade aus führte ein Korridor durch einen achteckigen, von einer gewagten Kuppel überdachten Saal mit abwechselnd konkaven und geraden, marmorverkleideten Seiten, zu den verschiedenen Räumen der Thermen. Sein beheizter Fußboden besaß eine prunkvolle Dekoration in *opus sectile*, wie aus den Abdrücken der Marmorplatten im Mörtel hervorgeht. Den Reichtum und die Vielfalt der verschiedenen Marmorsorten und ornamentalen Motive, die alle Fußbodenbeläge des Gebäudes auszeichnen, erkennt man an den noch erhaltenen Resten, die sich in einem der beiden Korridore auf der Ostseite und in einem kleinen, angrenzenden Verbindungsraum des achteckigen Saals befinden. Mit dem letzteren verbunden ist der ebenfalls beheizte runde Saal, oder auch *tholos*, der mit einer hemisphärischen Kuppel mit Scheitelöffnung überdacht war und als Schwitzbad diente. Hier befinden sich weitere beheizte Räume, zu denen ein bemerkenswerter kleiner Saal mit konvexen Wänden gehört. Der Einbruch des Fußbodens, dadurch bedingt, dass die *suspensurae* nachgegeben haben, hat die Zuleitungsrohre von Warmluft aus den *praefurnia* frei gelegt. Durch die Plünderung der Wanddekoration sind nun auch die vertikalen Ableitungsrohre erkennbar, durch die der Wasserdampf zur Außenseite des Gebäudes strömte. Im Zentrum der Anlage befand sich das *frigidarium* mit zwei großen, sich

Innenansicht des oktagonalen Saales.

gegenüberliegenden Schwimmbecken, die mit weißem Marmor ausgekleidet waren und die über ebenfalls marmorverkleidete Treppen betreten wurden. Hinter dem Saal, längs der zum Teil noch unter der Erde liegenden Seite, erkennt man die Palästra, die dem gleichen Bauschema folgt, wie die im benachbartem Komplex der Großen Thermen. Ungeachtet ihrer Benennung gehörten die Kleinen Thermen zu den luxuriösesten Gebäuden der Villa: Abgesehen von der Vielfalt der Marmorverkleidungen, zeichnen sie sich durch einen bemerkenswerten Reichtum an architektonischen Lösungen aus, und zwar im Grundriss der verschiedenen Räume, in den Gewölben und in der meisterhaften Zusammenführung von Pultdächern und Kuppeldächern in einem spannenden Wechselspiel von gebogenen und geraden Linien. Alles in allem ist es also höchstwahrscheinlich, dass dieses Gebäude dem Palast angehörte, auch in Anbetracht seiner Nähe zum Gebäude mit dem Fischteich, das ja auch vom Kaiser selbst genutzt wurde.

Große Thermen

Säule aus Cipollinmarmor und ionisches Kapitell aus weißem Marmor.

Ihren Namen verdanken sie sowohl der Größe der einzelnen Räume, als auch ihrer Flächenausdehnung im Vergleich zu den anderen Thermen der Villa. Die Großen und die Kleinen Thermen waren auf der Ostseite durch einen unterirdischen Korridor miteinander verbunden. Diesen direkten Zugang auf die *praefurnia* benutzte das in den „Cento camerelle" untergebrachte Dienstpersonal. Auf dieser Seite lagen alle beheizten Räume, die man sowohl an ihrem runden Grundriss und der Gewölbeüberdachung mit Scheitelöffnung erkennt, als auch daran, dass sich hier keine Bewässerungsanlagen befinden. Zu diesen Räumen gehört das Schwitzbad, das nichts von seiner Mächtigkeit eingebüßt hat, auch wenn der vordere Teil mit den Sonnenfenstern eingestürzt ist. Daneben liegen die *tepidaria* - beheizte Räume, ausgestattet mit *suspensurae* und perforierten, gemauerten Wandleitungen (*tubuli*) fuur die Warmluftzufuhr - und weiter die *caldaria*, Räume mit Warmwasserbecken. Den zentralen Bereich nimmt fast ganz das rechteckige *frigidarium* mit Kreuzgewölbe ein. Marmorverkleidete Stufen führten eine Stufe tiefer hinab zu zwei weiteren Räumen, einem rechteckigen und einem Apsidialraum, in denen die Schwimmbecken mit kaltem Wasser angelegt waren. Beide Eingänge waren von hohen Säulen aus Cipollinmarmor mit ionischen, äußerst raffinierten Kapitellen eingerahmt. In den Nischen der Rückwand des Apsidialbeckens waren damals zweifellos Statuen aufgestellt. Vom *frigidarium* aus gelangte man nicht nur zum runden Schwitzbad, sondern auch zu einem großen, ebenfalls beheizten Saal auf der Südseite mit einer besonders schönen Stuckdecke. Von den geometrischen Motiven und Bildmedaillons sind in den Eckzwickeln des Gewölbes noch Spuren erhalten. Von allen Seiten der rechteckigen Wanne aus hatte man Zugang zu einem Korridor, der auf einen rechteckigen Raum mit Mosaikfußboden führte und von einigen Fachleuten als *shaeristerium* (Saal für Ballspiele) erkannt worden ist. Dieser Raum grenzt an die Palästra, einen großen Hof in *opus spicatum*, umgeben von einem Portikus mit Mosaikfußboden, dessen Säulen nicht erhalten sind.
Die gleiche Technik wurde auch zur Verkleidung des oberen Abschlusses im

rechteckigen Becken des *frigidariums* angewandt. Eine Untersuchung der Einsturzreste auf dem Boden des Beckens hat ergeben, dass es offensichtlich terrassenförmig gebaut war. Auch in dieser Thermalanlage erstaunt die Vielfalt architektonischer Lösungen zur Überdachung der einzelnen Räume und sie beeindruckt durch ihre Monumentalität, auch wenn

Die Thermen

Es ist nicht verwunderlich, dass die Villa drei Thermalanlagen besaß, wenn man bedenkt, dass der Besuch der Bäder für die meisten Römer jedweder sozialen Schicht zum Alltagsleben gehörte. Dazu kommt, dass die Villa Hadriana als offizielle Residenz des Kaisers von einer großen Zahl an Höflingen, Gästen, hier ansässigen Prätorianern und Dienstleuten bevölkert war; sicher fehlten auch die Kunsthandwerker nicht, die mit dem Bau der verschiedenen Gebäude beschäftigt waren oder die architektonische und bildhauerische Ausstattung der Säle und Gärten fertigstellten. Die Benutzung der Thermen war von den in medizinischen Abhandlungen ganz genau formulierten hygienischen Normen geregelt, die vorschreiben, dass man zunächst durch Bewegung die Poren des Körpers öffnen und dann in warmem Wasser baden sollte. Danach war ein Bad in lauwarmem Wasser vorgesehen und zum Abschluss eines in kaltem Wasser. Dementsprechend waren die Thermen aufgebaut: *apodyterium* (Umkleideraum), *laconicum* (Saunabad), *calidarium* (Warmwasserbad), *tepidarium* (lauwarmes Bad) und *frigidarium* (Kaltwasserbad); darüber hinaus gab es die Palästra und weitere kleinere Räume. Die hohe Besucherzahl der öffentlichen Bäder erklärt sich aus der Tatsache, dass die römischen Städte zwar fließendes Wasser hatten, die oberen Stockwerke der Gebäude jedoch nicht davon profitieren konnten, und die Bewohner der *insulae* (Häuserblocks) deshalb gern von den Thermen Gebrauch machten. Doch nicht nur die weniger reichen Leute besuchten die öffentlichen Bäder. Auch wer eine Thermalanlage zu Haus hatte, verzichtete nicht auf den Besuch der Thermen, denn hier traf man sich und hier wurden demzufolge die Geschäfte abgewickelt, Politik gemacht und auch Freundschaften geknüpft. Im Allgemeinen existierten nach Geschlechtern getrennte Bereiche oder es gab festgelegte Uhrzeiten, doch der gleichzeitige Besuch von Männern und Frauen war sicher keine Seltenheit, denn der Gesetzgeber war im Laufe der Jahrhunderte mehrmals gezwungen, dagegen ein Verbot auszusprechen: auch Hadrian erließ diesbezüglich ein Gesetz, wie bei Spartianus berichtet ist. Ganz wie unsere modernen Sportzentren mit ihren Schwimmbädern, Turnhallen, Massageräumen und Räumen zur Körperpflege besaßen auch die römischen Thermen zahlreiche Räumlichkeiten mit ähnlichen Funktionen: Becken mit unterschiedlichen Wassertemperaturen, die Palästra, ein Hof für Leibesübungen, der meistens von einem Portikus eingerahmt und mit Statuen und Kunstwerken mit athletischen Motiven geschmückt war. Ferner gab es kleinere Räume zur Massage, zur Körperenthaarung und anderen Formen der Körperpflege. Im Gegensatz zu den Privathaushalten waren die öffentlichen Thermen im Allgemeinen auch mit Latrinen ausgestattet. Auch Geschäfte fehlten nicht, vom Barbier bis hin zum Wirtshaus und der Weinstube zur Kräftigung, und überdies standen Waren zum Verkauf. Alle Dienstleistungen waren entgeltlich, doch für bestimmte Einrichtungen schrieb der Staat einen festen, sehr niedrigen Preis vor, wie zum Beispiel für die Benutzung der Latrinen. Deshalb waren die Pächter der Thermalanlagen auf andere Einkünfte angewiesen, wie zum Beispiel die Vermietung von Geschäftsräumen, damit sich die Pacht einer so aufwendigen Anlage auch lohnte: Man denke nur an die Zufuhr der für die Schwimmbecken benötigten Wassermenge oder an die zur Beheizung der Räume benötigten Holzmengen, sowie an die Wartungsarbeiten, zu denen ein häufiger Wasserwechsel in den Becken gehörte, denn diese waren strengen Kontrollen unterworfen.

Prätorium

die Dekoration weniger prunkhaft ausgefallen ist als in den anderen Thermalanlagen der Villa. Mit Ausnahme der Stuckdekoration im großen Saal und dem Raum nebenan in *opus sectile* ist die Verkleidung zweifellos sehr viel schlichter: Die zum großen Teil erhaltenen Fußböden schmückte ein weißes, manchmal von einem oder zwei schwarzen Streifen umrahmtes Mosaik und die Wände waren verputzt, aber nicht marmorverkleidet. Auf Grund dieser Eigenschaften geht man davon aus, dass dieses Gebäude dem Dienstpersonal der Villa vorbehalten war.

Man hat das ganze Gebäude früher für das Wohnhaus der Prätorianer im Gefolge des Kaisers gehalten, tatsächlich aber gliedert es sich in zwei unterschiedliche Abschnitte.
Im unteren befinden sich auf drei übereinander liegenden Stockwerken kleine, nicht miteinander verbundene Räume. Sie besaßen von Travertinkragsteinen getragene Holzfußböden und waren über Balkone erreichbar, die durch eine gemauerte Treppe miteinander verbunden waren, von der man auf der äußeren Westseite noch Reste besichtigen kann. Die Bauweise ist dieselbe wie in den „Cento Camerelle" und den anderen Diensträumen der Villa, und das bestätigt die Annahme, dass dieses Gebäude als Unterkunft für das Dienstpersonal oder als Vorratslager diente. Auch hier bildeten die Räume den Unterbau für den oberen Teil der Anlage, nämlich einen Pavillon, der mit Lisenen aus Ziegelsteinen verziert war, und sich damit als herrschaftlicher Bereich auszeichnet: Ein weiterer Beweis dafür ist auch seine hohe Lage, auf gleicher Ebene wie das Gebäude mit dem Fischteich, und nicht zuletzt die Tatsache, dass dieses Gebäude von den benachbarten Palastabschnitten aus zu erreichen war.
Zwischen dem Prätorium und den großen Thermen befindet sich eine Abfolge von Räumen mit einfachen Bandfresken auf glatter Wand. Wiederum führen die vorhandenen Latrinen zur Annahme, dass es sich hier um Unterkünfte handelt. Jüngst wurden diese Räume den mit der Ausstattung der Villa beschäftigten Kunsthandwerkern zugeschrieben, denn in diesem Teil hat man eine größere Menge von Marmorbruchstücken gefunden. Überdies wurde in der Nähe ein Modell des Stadions aus weißem Marmor aufgefunden, das sich heute im Didaktischen Museum befindet.

Canopos

Ansicht des Euripos.

Von allen Gebäuden der Villa kann man dieses Bauwerk vielleicht am ehesten einem jener berühmten Orte zuordnen, die bei Aelius Spartianus in seiner *Vita Hadriani* Erwähnung finden. Es liegt in einem engen und zum Teil künstlichen, mit Strebemauern eingegrenzten Tal. Sein großes Wasserbecken, das auf der Südseite von einem durchgliederten Pavillon abgeschlossen wird, ist als Canopos interpretiert worden, ein klarer Verweis auf den Kanal, der Alexandria mit der gleichnahmigen Stadt am Nildelta verbunden hat, berühmt für die nächtlichen Feste, die dort veranstaltet wurden.

Das große Wasserbecken (119 × 18 m) in der Mitte des Tals, dessen gebogene, schmale Nordseite durch ein gemischtes Architekturschema gekennzeichnet war, wurde im Osten von einer doppelten Kolonnade eingegrenzt, die eine Pergola trug, wie die zwischen den Säulenbasen und in Form von Blumenbeeten auf einer Achse mit der Kolonnade angebrachten vertikalen Marmorplatten verraten. Auf der Westseite war die Säulenreihe entlang des Beckens auf mittlerer Höhe durch eine Reihe von Karyatiden ersetzt und vermutlich (vielleicht durch eine Pergola) mit der Umfassungsmauer verbunden, die bei den Ausgrabungen auf dieser Seite des Tals freigelegt wurde. Die Anlage schließt mit einem monumentalen Nymphäum in Form einer Exedra, dem Serapeion (so genannt nach dem Tempel von Serapide, der sich in der Stadt Canopo befand) ab, charakterisiert durch eine einst mit einem Glasmosaik verzierten Hängekuppel. Auf der Rückwand befindet sich eine lange, offene Apsis. Zu beiden Seiten erheben sich kleinere Bauelemente, die ein dem Nymphäum vorgelagertes, rechteckiges Wasserbecken umrahmen. Das Vorhandensein eines *stibadium* (halbkreisförmiges Marmorbänkchen mit schräger, gemauerter Oberfläche) lässt uns annehmen, dass es sich hier um eine große *coenatio* handelt, bzw. um eine Stätte, an der Banketts abgehalten wurden. Die Nordausrichtung der Anlage, die Gärten, die Wasserbecken mit Wasserfällen- und spielen, erzielt durch ein komplexes Zuleitungssystem, das von der Kuppel aus einen Wasserschleier vor den Gästen

Korbtragender Silene.

Tiber.

Ares.

erzeugte, bestätigen, dass dieser Ort im Sommer genutzt wurde.

Systematische Ausgrabungen in diesem Gelände haben erst vor relativ kurzer Zeit stattgefunden, nämlich in den fünfziger Jahren des vergangenen Jahrhunderts. Dabei kam der bis dahin unbekannte Euripos zu Tage, sowie eine größere Anzahl von Statuen, Reliefs und verschiedenen Dekorationselementen aus Marmor. Sie bilden die größte Gruppe der Bildhauerarbeiten, die an ein und demselben Ort in der Villa aufgefunden wurden. Durch die Kenntnis ihres genauen Fundortes können wir mit größter Wahrscheinlichkeit ihren Aufstellungsort bestimmen und uns so teilweise ein Bild davon machen, wie die von Hadrian gewollte Dekorationsausstattung ausgesehen haben muss.

Zum Großteil handelt es sich um überlebensgroße Kopien griechischer Originale. Herausragend sind hier die Kariatyden, gebälktragende Statuen, Repliken der *Korai* im Erechteion der Akropolis in Athen (Ende V. Jh. v. Chr.), die hier entlang des Wasserbeckens auf der Ostseite aufgestellt waren. Ihre Entdeckung hat ferner dazu beigetragen, Haltung und Attribute der griechischen Originale, die heute ihrer Arme beraubt sind, zuverlässig zu rekonstruieren. Die *Korai* waren von zwei korbtragenden Silenen umgeben. Der Korb mit Früchten ersetzt hier das Kapitell und höchstwahrscheinlich handelt es sich um hellenistische Modelle aus dem alexandrinischen Umfeld.

Am halbrunden Ende des Euripos, in einem gemischten architektonischen Kontext, stand die Statue eines jungen, bartlosen Kriegers mit hohem Helm, der so genannte „Ares", gemeint ist aber Hermes, daran erkennbar, dass er am rechten Arm Spuren eines Merkurstabes aufweist, einem typischen Attribut dieses Gottes. Außerdem befanden sich hier die Statuen von zwei verletzten Amazonen, Nachahmungen der Statuen von Polyklet und Phidias im

Artemistempel in Ephesos. Auch die in der Villa Hadriana aufgefundene Statue einer verletzten Amazone, Nachahmung der Statue von Phydias, ist die nach aktuellen Kenntnissen bestgelungene Kopie. Zwar ist sie nicht vollständig erhalten, mit ihrer Hilfe jedoch konnte das Kompositionsschema des griechischen Originals rekonstruiert werden. Es handelt sich um eine stehende Figur, die sich, von einer Beinverletzung erschöpft, auf ihre Lanze stützt. Auch die Personifizierungen des Nils und des Tibers stammen aus dem Ausgrabungsfeld des Euripos und gehörten größter Wahrscheinlichkeit nach zur Dekoration des Wasserbeckens, auch wenn ihr genauer Aufstellungsort nicht bekannt ist. Erkennbar sind sie an den jeweiligen Attributen, wie der Sphinx und der Wölfin mit den Zwillingen, sowie einem Krokodil aus Cipollinmarmor, dessen Aderung zur Darstellung der gescheckten Haut dieses Tieres besonders geeignet war: Ein Bleirohr im Inneren seines Schlundes zeigt, dass die Statue als Brunnen diente. Möglicherweise stand sie auf einem der beiden gemauerten Sockel, die man innerhalb des Euripos gefunden hat, wahrscheinlich auf der Nordseite. Noch vor Ort hat man hingegen auf dem Sockel der Südseite eine große, hemisphärische Marmorbasis entdeckt. Auf dem Boden verstreut lagen Hunderte von Fragmentstücken aus dem gleichen Marmor, offensichtlich Teile einer Gruppe von Statuen, die auf dem bis unter die Wasseroberfläche reichenden Sockel aufgestellt war, so dass der Eindruck entstand, als erhebe sich die Statuengruppe direkt aus dem Kanal. Am unteren Teil des Sockels ist die Originaldekoration noch erhalten und zeigt in den Wellen schwimmendes Meeresgetier, während man in der leider nicht vollständig erhaltenen Vollplastik eine Frauenfigur mit nacktem

Amazonen. Oberkörper erkennt, deren Unterleib in Hundeköpfen und Fischschwänzen endet. Es handelt sich hier um die Darstellung der Szylla, dem in der *Odyssee* beschriebenen Meeresungeheuer, das die Seeleute im Gefolge des Odysseus verschlang. Aus den uns erhaltenen Fragmenten kann man mindestens zwei Männerfiguren zusammensetzen, die von den Hunden gebissen und von den Fischschwänzen umschlungen werden. Die Gruppe ist uns bereits von anderen in verschiedenen Museen (Vatikan, Rom, Palermo,

Kopf einer Amazone. Rom, Römisches Nationalmuseum, Palazzo Massimo alle Terme.

Kopf eines der Gefährten Odysseus', Vatikan, Vatikanische Museen.

Berlin) aufbewahrten Fragmenten bekannt. Einen Vorschlag zur Rekonstruktion liefert uns der deutsche Bildhauer H. Schröteler (1916-1999), der aus Marmorabdrücken ein Modell erstellt hat, das eine Vorstellung vom Aufbau der Originalskulptur gibt. Beeindruckend ist die lebhafte Darstellung Szyllas, die sich als furchterregende Erscheinung aus dem Kranz von Hunden und sich windenden Fischflossen erhebt, während die Hunde über ihre hilflosen Opfer herfallen. Die ungestüme Drehung Szyllas und die dramatische Darstellung der Szene voller Pathos sind zusammen mit dem pyramidalen Aufbau ein Verweis auf hellenistische Vorläufer.

Umstritten ist die bildhauerische Ausstattung des sogenannten Serapeions. Einige Gelehrte gehen bei der Rekonstruktion davon aus, dass es sich hier um eine Verherrlichung von Antinoos handelt, den Hadrian nach dessen mysteriösem Tod im Jahre 130 in den Wassern des Nils zur Gottheit erhoben hatte. Diese Annahme scheint auf den ersten Blick nicht unbegründet, denn um den Canopos wurden im 18. Jahrhundert zahlreiche ägyptische Statuen und solche im ägyptischen Stil aufgefunden, und zwar aus Basalt, aus Marmor in *rosso antico* und aus Granit, von denen einige Antinoos mit der typischen Kopfbedeckung, der *nemes*, und einem gefältelten Lendenschurz darstellen und sich heute in den Vatikanischen Museen befinden. Die Entdeckung der Statuen durch die Jesuitenmönche, im 18. Jahrhundert die Besitzer der Ländereien um den Canopos, ist jedoch nicht dokumentiert, was eine genaue Identifizierung des Fundortes und damit auch des ursprünglichen Standortes der einzelnen Skulpturen unmöglich macht. Die Tatsache, dass hier Portraits von Antinoos mit Uräusschlange auf der Kopfbedeckung gefunden wurden, was ihn den Pharaonen gleich stellt und ein

Szylla,
Rekonstruktion
von H. Schröteler.
Bochum, Ruhr
Universität,
Kunstsammlungen.

unverkennbarer Hinweis auf die Vergöttlichung des jungen Favoriten ist, bestätigt die Annahme, dass der Kaiser dieses Bauwerk nach seiner Rückkehr aus Ägypten, also nach 133-134, zu Antinoos Ehren umgestalten ließ, nachdem er ihm mehrere Tempel und sogar eine ganze Stadt (Antinoopolis) gewidmet hatte. Durch die Stempelabdrücke auf den Ziegelsteinen (aus den Jahren 123-124 n. Chr.) wissen wir jedoch, dass der Canopos auf die erste Bauphase der Villa zurückgeht. In der Erde, die zur Ausgrabung des Euripos ausgehoben wurde, tauchten allerdings einige etwas jüngere Exemplare auf, ein Indiz dafür, dass spätere Baueingriffe stattgefunden

Im Grabungsfeld des Canopos gefundene Tonvasen.

Hadrian als junger Mann.

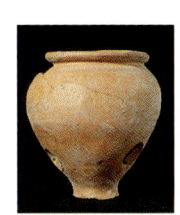

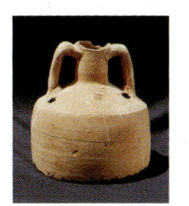

haben: Es handelt sich hier um nicht früher als 125-127 n. Chr. datierbare Stempel, jedoch in geringerer Anzahl vorhandene als die übrigen Zeugnisse, zu denen sowohl Stempelabdrücke im Gemäuer als auch auf Ziegeln in der ausgehobenen Erde gehören.

Wenn wir von der Annahme ausgehen, dass dieses Bauwerk zu späterer Zeit eine Umgestaltung erfahren hat, dann stellt sich die Frage, wie die Dekoration in der ersten Phase ausgesehen hat. Der Fund von drei Männerköpfen bei den Ausgrabungen des 18. Jahrhunderts von G. Hamilton im Pantanello, in denen man die Reisegefährten des Odysseus aus der berühmten Gruppe der Darstellung der Blendung des Zyklopen erkannte und die durch eine Kopie in Sperlonga bekannt sind, führte zu der Annahme, dass es eine solche Gruppe auch in der Villa Hadriana gegeben hat. Als geeignetesten Aufstellungsort in der Villa sah man das große Nymphäum des Serapeions mit seiner künstlichen Grotte und einem wasserspeienden Brunnen, wo sie in einer mit Bimsstein verkleideten Nische gestanden haben könnte. In den Seitennischen waren vermutlich andere Statuen aus dem selben Themenkreis aufgestellt, wie man es von anderen Beispielen her kennt. Bis jetzt gibt es nicht genügend Beweise, um eine der Theorien zur bildhauerischen Ausstattung des Serapeions und seiner Bedeutung zu stützen und dasselbe gilt für die Räume in den Seitenflügeln. Somit bleibt diese Frage offen.

Der Pavillon des Canopos umfasste auch Grünflächen mit Gärten, die ebenfalls von Skulpturen und Reliefs aus verschiedenen Marmorsorten geschmückt waren, wie die Auffindung von Pfeilern, Vasen, *oscilla*, Tischstützen und Brunnenmaskaronen zeigt, bei denen es sich durchweg um die für einen römischen Garten üblichen Elemente handelt. Da es sich um „mindere" Dekorationselemente handelt, ist keinerlei Dokumentation erhalten, die Aufschluss über den Fundort oder eventuelle Hinweise auf das Umfeld geben könnte und uns ermöglicht hätte, mit einiger Sicherheit bestimmen zu können, wo die einzelnen Elemente angebracht waren, und damit Aufschluss über die Grundzüge der Gartenanlagen in der Villa Hadriana zu gewinnen. Jüngere Ausgrabungen, auf das Studium der Gestaltung der Gärten der Villa gerichtet, haben neue Erkenntnisse über die Anordnung von Hecken und Beeten gebracht, auch in deren Beziehung zu den Brunnen und Wasserbecken, die Gärten und Peristyle verzierten. Dabei ist man am Fuße der Böschung längs der Ostseite des Euripos auf ein langes, parallel zum Wasserbecken verlaufendes Beet gestoßen, in dessen Innern sich eine Reihe von verschieden großen Blumenkübeln aus Terrakotta befand, die allesamt Löcher an den Seiten und im Boden aufweisen. Diese Durchlöcherung war bewusst durchgeführt worden, damit die Wurzeln herauswachsen konnten und das wiederum beweist, dass es sich hier nur um einen provisorischen Standort handeln konnte, bis die Wurzeln eine gewisse Dicke erreicht hatten oder die Pflanzen ihren dekorativen Zweck zur Verzierung des Gartens, zum Beispiel nach der Blütezeit, nicht mehr erfüllten und dann in größere Behälter oder direkt in die Erde umgepflanzt wurden.

Grabungsfeld des Canopos zur Zeit der Ausgrabungen.

Außer Blumenkübeln benutzten die römischen Gärtner auch nicht mehr für den Transport gebrauchten Amphoren, die zweckgemäß durchgeschnitten und durchlöchert wurden; dabei hat man den oberen Teil natürlich umgekehrt verwendet, so dass dieser, wie der untere Teil, spitz zulief. Dank dieser Tatsache können wir heute die Spuren der Gartenanlage, so wie sie bei den Grabungsarbeiten zu Tage kamen, in die Zeit Hadrians einordnen. Neben der Typologie der Amphoren verweisen auch die Fabrikationstempel auf einigen Fundstücken auf eine Einordnung der Herstellungszeit in die ersten Jahrzehnte des 2. Jh. n. Chr.; sie lassen außerdem auf eine libysche Werkstatt schließen.

Antiquarium des Canopos

Als die systematische Ausgrabung des Canopos auch Skulpturen zu Tage brachte, hat man beschlossen, die gleich nach der Entdeckung gemachten Abdrücke vor Ort aufzustellen und die Originale aus Marmor in einem Museum möglichst in Nähe des Fundortes zu sichern. Die Platzwahl für das einzurichtende neue Museum fiel auf die Unterbauten der Westterrasse, deren Räume folgenschwer umgestaltet wurden: Als Verbindung zwischen den einzelnen Räumen wurden parallel verlaufende Türen eingebaut und die Fußböden mit in der Villa aufgefundenen Marmorfragmenten im Stil der Epoche ausgelegt. Dadurch wurde der Bau aus römischer Zeit stark verändert, aber noch einschneidender war die Beseitigung des Zwischenraumes zwischen der Rückwand der Unterbauten und den dahinterliegenden Einfassungsmauern des Erdwalls, denn das brachte eine Veränderung des Mikroklimas mit sich, die nicht nur die Gemäuer sondern auch die hier ausgestellten Skulpturen schädigte. Um den unteren Teil trocken zu legen und gleichzeitig den oberen Teil der Unterbauten zu sanieren, von dem im 18. Jahrhundert ein Teil zum Pächterhaus umgebaut worden war, war daher unlängst eine Restaurierung dieses Gebäudes notwendig. Dabei hat man die Gelegenheit genutzt, die Aufstellung der Skulpturen neu zu überdenken und den Statuenzyklus des Canopos sowie eine Reihe von in der Villa entdeckten kaiserlichen Portraits in den oberen Stock zu verlegen: Die Neuaufstellung in den drei luftigen Räumen des oberen Stockwerks mit Blick auf das Wasserbecken hat den Vorteil, dass die Statuen nun besser im Raum verteilt werden konnten und sie in einem Licht stehen, welches wohl dem Ursprünglichen am Nächsten kommt. In den Sälen im unteren Geschoß befinden sich hingegen weniger wichtige Beispiele der architektonischen und dekorativen Ausstattung sowie der für Hadrians großartigen Wohnsitz charakteristischen Wand- und Fußbodenverkleidungen. Außer dem Statuenzyklus des Canopos und einer Reihe weiterer Bildhauerwerke aus anderen Gebäuden der Villa (Aphrodite Knidia und eine Athletenstatue aus dem Nymphäum mit Venustempel, eine Athene vom Typus Vescovali-Arezzo aus den Thermen mit heliocaminus, eine Herastatue vom Typus Ephesos aus der Piazza d'Oro) sind auch einige Portraits hier ausgestellt, Funde der Ausgrabungen des Euripos im vergangenen Jahrhundert, unter anderem ein Portrait von Hadrian als junger Mann, das einzige Portrait des Kaisers aus der Villa Hadriana, sowie ein Bildnis der Iulia Domna. Letzteres bezeugt zusammen mit der Büste des Lucius Verus aus dem Pantanello und den Portraits der Crispina, des Septimius Severus und des Caracalla, dass die Villa zumindest bis zur Dynastie der Severer, also bis zum Beginn des 3. Jh. n. Chr., als kaiserliche Residenz gedient hat. Unter den architektonischen Elementen und Wandverkleidungen, die hier als Beispiele für das ursprüngliche Aussehen der Villa ausgestellt sind, befinden sich mehrere auserlesene Säulenbasen und Lisenenkapitelle aus verschiedenen Marmorsorten und in unterschiedlicher Form und Dekorationsart, Stirnziegel aus weißem Marmor, Freskenfragmente, Stuckteile und Verkleidungselemente in *opus sectile*, eine polychrome Intarsienarbeit aus Marmor auf Schieferuntergrund, die ein Zeugnis für das qualitativ hohe Niveau selbst bei den weniger wichtigen Dekorationen ist.

Die Kunst der Gartenanlage

Mit der Eroberung Griechenlands und dem durch die Militärkampagnen angeregten Austausch mit dem Orient kam in der römischen Welt neben dem für die Produktion bestimmten *hortus* auch der Garten als Grünanlage zur Blumenzucht auf. Die ersten Zeugnisse von Villen, wo Ornamentalpflanzen die Peristyle zierten, gehen auf das 1. Jh. v. Chr. zurück, doch die Mode des "angelegten" Gartens entwickelt sich zu Beginn der Kaiserzeit. In den luxuriöseren Residenzen waren große Flächen für die monumentalen Gartenanlagen vorgesehen, deren Pflege dem *toparius* anvertraut wurde. Er gab Pflanzen und Büschen architektonische Formen und wählte die für den gewünschten dekorativen Effekt geeigneten Arten aus. Zur Gestaltung von Grünflächen gehörten außer der Bepflanzung auch Skulpturen verschiedenster Art. Sie wurden inmitten der Vegation aufgestellt und bevölkerten den Raum mit Gestalten aus der ländlichen Mythologie (Pan, Dionysos, Silenen, Satyren und Mänaden), sowie mit Tieren, dekorierten Blumenkübeln, Wasserbecken, Pfeilerchen mit florealen Motiven und kleinen, zwischen den Blättern versteckten Tierfiguren. Diese mit Brunnen, Nymphäen, Statuen und Reliefs verzierten Gärten folgten ausgeklügelten Entwürfen, mit denen man seinen Reichtum zur Schau trug. Wie aus den pompejanischen Stadthäusern hervorgeht, versuchte man auf begrenztem Raum die charakteristischen Parks der dem *otium* gewidmeten Villen nachzuahmen: Außer den Peristylen, in denen sich vor einer Kulisse aus Pergolen, Ädikulae und Grotten immer mehr dekorative Skulpturen sammelten, malte man die Wände der Räumlichkeiten mit illusorischen Gartendarstellungen aus, die den Eindruck erwecken sollten, man befinde sich im Grünen. In den kaiserlichen Residenzen ging die Suche nach immer raffinierteren Lösungen so weit, dass die Natur bis ins letzte Detail entworfen wurde: Caligula ließ in seiner Villa in Velletri eine große Eiche zu einem Triklinium mit Aussichtspunkt umgestalten, auf dem fünfzehn Gäste Platz fanden. Als Nero seine einzigartige Villa in Subiaco über den engen Schluchten des Aniene mit Pavillons und Nymphäen austattete, änderte er durch den Bau von Dämmen und künstlichen Seen sogar den Flusslauf.

Pompei, Peristyl im Haus der Vettier.

Fragmente einer Wandmalerei mit Gartenmotiv aus der Gegend des Vesuvs, 20-40 n. Chr.

Nächste Seite: **Planimetrie der Villa Hadriana mit der aktuellen Verteilung der Grünflächen in Bezug auf die Gebäude.**

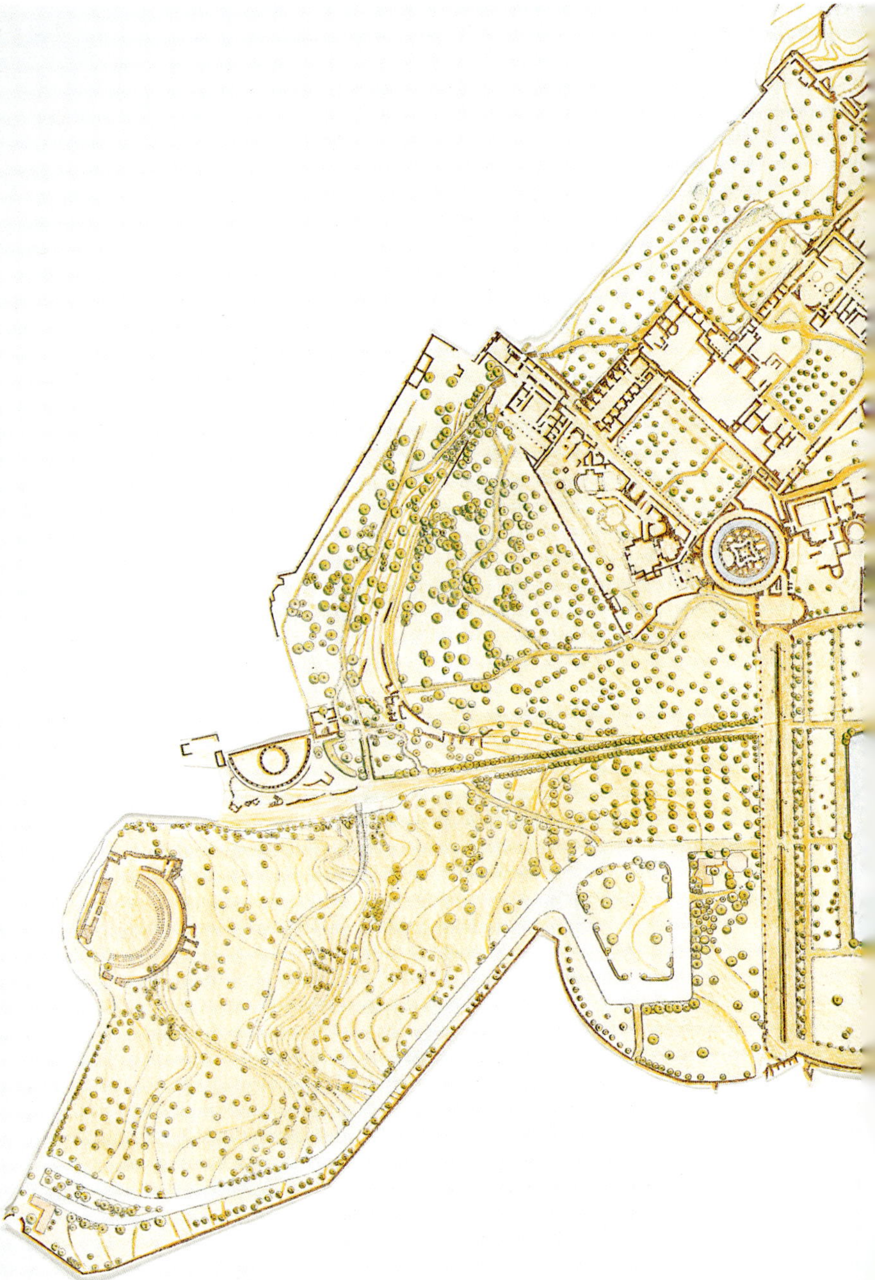

```
0  10 20 30 40 50      100        150       200 m
```

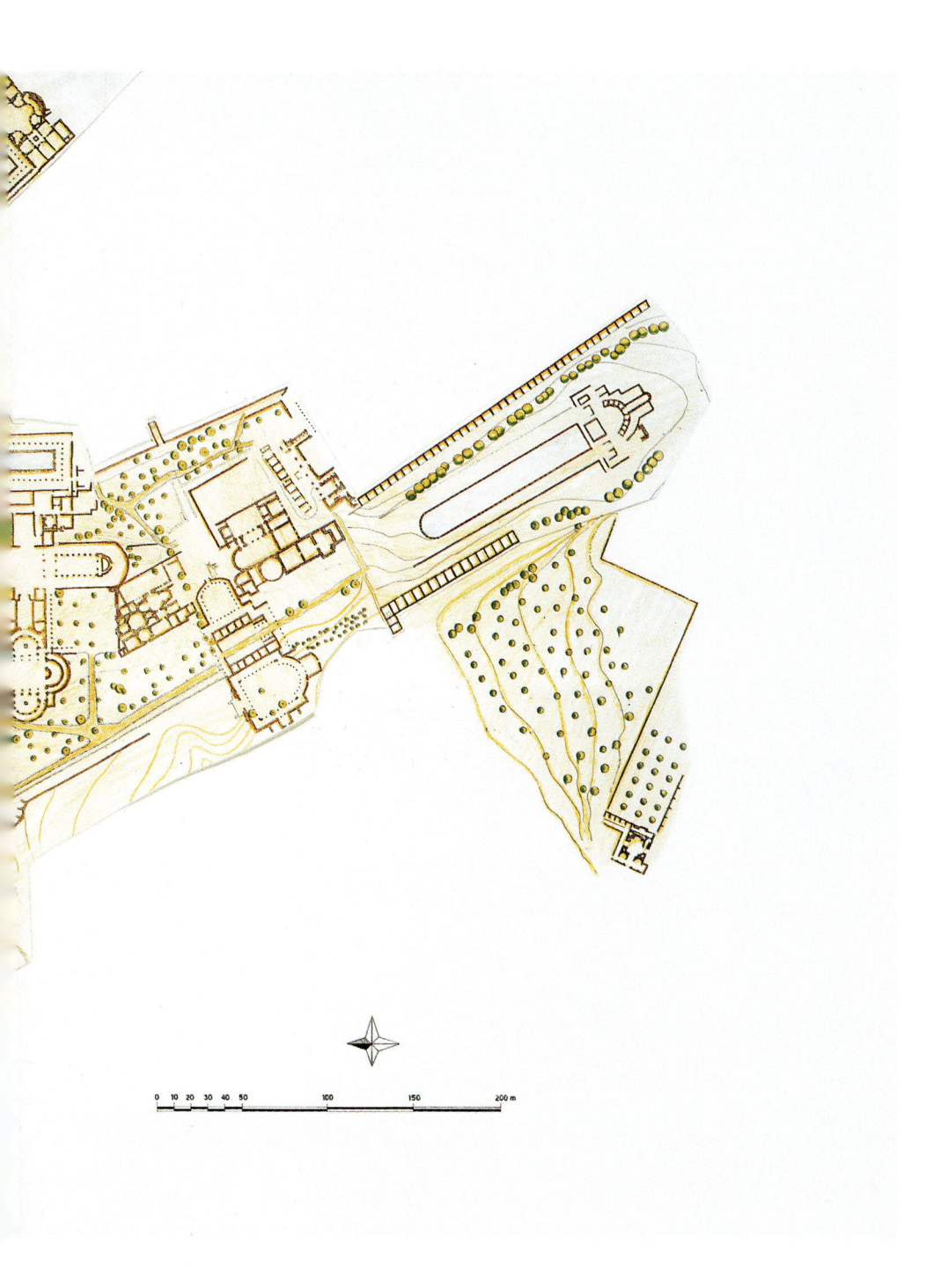

Pompei, Haus des Goldenen Armreifs, Triklinium.

Villa der Livia in Primaporta, unterirdischer Saal; Rom, Römisches Nationalmuseum, Palazzo Massimo alle Terme.

Turm von Roccabruna

Vestibül

Im Gesamtplan des Gebäudekomplexes der Villa liegt diese massive Konstruktion etwas abseits und zwar westlich am äußeren Rand des Olivenhains von Roccabruna. Einige behaupten, dass hier der berühmte Turm der Akademie von Athen als Vorlage diente. Er besaß einen parallelflachen Sockel auf einer quadratischen Basis, auf den ein von Säulen umgebener zylindrischer Baukörper aufsetzte. Heute sind nur noch die Unterplinthen der ursprünglich aus sechzehn Säulen gebildeten Epistylbasen erhalten. Im oberen Stockwerk gelangte man über eine Rampe zu den von einem bogenbesetzten Unterbau getragenen, schrägen Flächen, die man auch heute noch begehen kann. In Anbetracht der mächtigen Gemäuer könnte der Turm ursprünglich über drei Stockwerke verfügt haben. Wahrscheinlich hatte er dieselbe Funktion wie heute, nämlich die eines Aussichtsturmes auf die römische *Campagna*: Von der Plattform der Terrasse über dem Gewölbe des zentralen Saales aus konnte man auf die Hügel um Tivoli bis nach Rom blicken. Im Inneren befindet sich ein großer Saal – ursprünglich in *opus sectile* mit einer konzentrischen Streifendekoration, ausgeführt, bezeugt durch die Abdrücke im Mörtel – sowie eine Abfolge von kleineren Räumen. Ein später hinzugefügter, dann aber eingestürzter Portikus bildete den Abschluss des Gebäudes.

Es bestand aus einer Abfolge von Durchgangsräumen- und gärten zwischen der Poikile und dem Canopos und war direkt mit den Kleinen und den Großen Thermen verbunden.
Am äußeren Ende auf der Ostseite in Richtung Thermen kann man noch einen Bereich erkennen, der als Garten angelegt war, sowie einen Teil der Gemäuer an der gepflasterten Straße entlang der „Cento Camerelle", Abgrenzung zu einem Bereich mit Portikus, der von einer Exedra abgeschlossen wurde. Von hier aus gelangte man über mehrere Räume zu einem kleinen Tempel am äußeren Rand der Westseite, in dem sich vermutlich ein Familienschrein (*lararium*) befand.
Eine Ebene tiefer verläuft unter der Erde die mit Großpflastersteinen gepflasterte Strasse, untergliedert in mehrere Seitenarme: Der durch ausgeschrägte Fenster erhellte Korridor stellte einen direkten Verbindungsweg von den „Cento Camerelle" zum Korridor der *praefurnia* in den Großen Thermen dar und über einen zweiten Seitenarm auch zu den Kleinen Thermen.
Neuere Ausgrabungen haben neben der Straße mit den Großpflastersteinen, entlang der „Cento camerelle", eine zweite gepflasterte Straße freigelegt, die aber eine Ebene höher liegt und zu der breiten Treppe des Vestibüleingangs führte, von der heute nur noch die vertikale Rückwand erhalten ist. Diese wird jeweils von zwei Nischen über einem Brunnen flankiert. Diese Elemente waren bereits von den Kupferstichen des 18. Jahrhunderts bekannt, nicht aber die Zubringerstraße, die als einer der monumentalen Eingänge zur Villa gestaltet war: Es handelt sich nämlich um eine Einbahnstraße, zumindest ab der Kreuzung mit den „Cento Camerelle", wo man heute noch die zwei Mauerreste

Gebäude mit Drei Exedren

erkennen kann, die den Punkt bezeichneten, wo die von der Via Tiburtina führende Straße einen stadionähnlichen Kreisverlauf einnahm, um Zusammenstösse zu vermeiden, wenn auf demselben Wegabschnitt gleichzeitig Wagen auswärts oder einwärts fuhren. Nur noch wenige Reste sind von einer Mauer längs der „Cento Camerelle" erhalten, die dem Kaiser den Anblick der Diensträume ersparen sollte.

Diese komplexe Anlage besteht aus zwei Flügeln, von denen einer eine Abfolge nicht überdachter Räume aufweist, und der andere aus einer Reihe beheizter Räume mit wertvoller Marmorverkleidung besteht. Es handelt sich um das prachtvolle und monumentale Vestibül des Gebäudes mit dem Fischteich, das ja höchstwahrscheinlich der private Wohnsitz des Kaisers war.
Der auf die Poikile weisende Abschnitt ist das eigentliche Atrium. Man betrat es von der Südseite des großen Portikus aus. Dessen Mauern waren auf Höhe eines großen rechteckigen Brunnens durchbrochen und ließen einen von Säulen umrahmten Durchgang offen. Durch die starke Zerstörung, der dieser Bereich der Poikile im Laufe der Zeit ausgesetzt war, kann der vom Portikus kommende Besucher den effektvollen Durchblick auf den von Säulen und Statuen umgebenen Monumentalbrunnen nicht mehr nachempfinden. Hinter dem Brunnen stand als Blickfang eine große Statue in einer Nische, die sich etwas erhöht in der Rückwand einer als Garten angelegten Exedra befand.
Ganz seiner Auffassung von innovativer Architektur zufolge kehrt Hadrian durch einen gelungenen Einfall die Funktion des Atriums um, denn das war gänzlich von einem Brunnen besetzt und damit nicht mehr zugänglich; die Eingangsfunktion wurde von den beiden seitlichen Korridoren übernommen. Der Brunnen besitzt einen trapezförmigen Aufbau und hatte die Funktion einer wasserspeisenden Zisterne, an deren oberem Rand sich drei runde Öffnungen befinden. Der Effekt des oben heraussprudelnden Wassers, das über die Rillen im Umfang der Zisternenbasis abfloss, wurde von einer reichhaltigen Dekoration noch gesteigert, wie uns die zwölf Statuensockel, die rings um das Becken aufgefunden wurden, vermuten

Athena des Typus
Vescovali-Arezzo.

Tänzerin aus
Tivoli;
Rom, Römisches
Nationalmuseum,
Palazzo Massimo
alle Terme.

lassen. Dahinter befand sich ein rechteckiger Raum mit Marmorfußboden – einige Forscher halten ihn für eine überdachte Sommer-*coenatio* – von dem aus man auf die drei Exedren mit Garten blickt, die dem Gebäude seinen Namen gegeben haben: Durch die westliche Exedra mit großer Türöffnung und zwei Seitennischen gelangt man zum Hauptraum im anderen Flügel des Gebäudes. Dieser wird von einer rechteckigen, mit großem Fenster ausgestatteten Nische abgeschlossen. An den Wänden dieses Saales finden sich in regelmäßigen Abständen rechteckige Fugen und Löcher für Halteklammern. An diesen dürften zur Ausschmückung der marmorverkleideten Wände Reliefs, Mosaiken oder Bildtafeln angebracht gewesen sein. Durch kleinere Türöffnungen in den Seitenwänden gelangte man zu den beiden in Richtung Nymphäum-Stadion symmetrisch angeordneten Raumgruppen. Dieser Gebäudeteil besaß ein in *opus spiccatum* verkleidetes Flachdach, dessen Oberseite ein grob ausgeführtes, weißes Mosaik aufweist, wie es für Außenräume üblich war. Reste davon kann man auf den Deckenfragmenten betrachten, die seit dem Einsturz im Raum liegen.

Kapitelle.

Säule und
Kapitell.

Nymphäum mit Venustempel

Statue der Aphrodite Knidia.

Detailansicht des Daches lakonischer Art des Tempels.

Auf den Unterbauten mit Aussicht auf das Tempe-Tal befindet sich das Nymphäum. Inmitten einer halbkreisförmigen Einebnung steht auf einer Achse mit dem Eingang ein kleiner Tempel, zu dessen Seiten sich in symmetrischer Anordnung zwei mit Brunnen versehene Apsiden befinden, in ihrem Grundriss eine Nachbildung des Gebäudes. Der Rundbau in der Mitte, die dorische Säulenordnung und der Fund einer Kopie der berühmten Aphrodite Knidia berechtigen zu der Annahme, dass es sich bei dem Nymphäum um eine Nachahmung der griechischen *Tholos* handelt, die das Original von Praxiteles beherbergte. Trotz der Restaurationseingriffe in den fünfziger Jahren durch Anastylose einiger Säulen und dem dazugehörigen Gebälk ist die jetzige Ansicht des Baukomplexes verfälscht, bedingt durch den Bau des Casino Fede im 18. Jahrhundert. Man hat dieses Gebäude auf einer der beiden Apsiden des Nymphäums errichtet und dabei die Bausubstanz integriert und zum Teil auch zerstört. In der ehemaligen, dem Landhaus angegliederten Kapelle war bis vor Kurzem die Statue der Göttin untergebracht. Sie befindet sich heute im *Antiquarium* des Canopos während sich im Inneren des Tempels, dem ursprünglichen Aufstellungsort des Standbildes, ein Abguss befindet. Vor Ort kann man noch Reste des wertvollen Fußbodenbelages in *opus sectile* sehen, der in jedem Raum des Nymphäums ein anderes Muster aufweist. Auf der Ostseite der Unterbauten des Gebäudes befinden sich von gemauerten Halbsäulen eingerahmte Nischen und eine Apsidialgrotte aus republikanischer Zeit mit einem mit Kalksteinbelag ausgeschmückten Gewölbe und großem Schwimmbecken (*natatio*). In die Unterbauten wurde auch eine

Stirnziegel aus Marmor lakonischer Art.

Ansicht des Nymphäums mit Venustempel.

gepflasterte Straße eingegliedert, die über einer Trasse aus republikanischer Zeit lag und für den Wagenverkehr innerhalb der Villa angelegt war. Diese heute noch auf zirka 40 m befahrbare Straße verlief in einer tonnengewölbten Galerie und wurde durch rechteckige Deckenöffnungen beleuchtet. Auf der Gewölbeoberfläche kann man noch die Abdrücke der Holzbretter zur Errichtung des Rüstbogens erkennen, der dann mit Mörtel verputzt wurde.

Griechisches Theater

Ansicht des Theaters, von den oberen Plätzen des Zuschauerraumes (*cavea*) aus gesehen.

Trotz seines Namens hat das griechische Theater die für ein römisches Theater charakteristische Halbkreisform und war, geht man sowohl von seiner Lage innerhalb der Villa als auch von den reduzierten Dimensionen aus, als Hoftheater einer eingeschränkten Zahl von Zuschauern vorbehalten

Wie auch bei anderen Gebäuden der monumentalen Anlage wurde beim Entwurf die morphologische Beschaffenheit des Geländes miteinbezogen und den baulichen Erfordernissen angepasst: Hier wurde die vorhandene Tuffschicht zur Anlage des mittleren Abschnitts der *cavea* (Zuschauerraum) genutzt, deren Außenseiten hingegen auf überwölbte Unterbauten aufsetzten, die höchstwahrscheinlich als Diensträume benutzt wurden. Eine noch zum Teil erhaltene Treppe unterteilte die abgestufte, noch als solche erkennbare *cavea* in ihrer Mitte in zwei Abschnitte. Am oberen Ende befindet sich ein kleiner rechteckiger Raum, wahrscheinlich eine Kultstätte: Im 16. Jahrhundert beschreibt Pirro Ligorio diesen nämlich als kleinen Tempel und zwei Jahrhunderte später trägt Piranesi ihn unter dem selben Namen in seinen Übersichtsplan ein. Zu Füßen der *cavea* erkennt man die *orchestra*, also den Raum, wo sich bei den Aufführungen der Tragödien und Komödien der Chor aufstellte, sowie das *proscaenium*, also die eigentliche, rechteckige Schauspielbühne, von der nur der untere Teil erhalten ist: Nicht mehr erhalten ist die *frons scaenae*, der gemauerte Bühnenprospekt. Dieser war üblicherweise mehrstöckig und besaß Türen und Fenster, war also nicht nur als Begrenzung des Bühnenraumes gedacht, sondern wurde auch für szenische Effekte genutzt. Von den beiden Treppen, die seitlich auf das

Stich von Jean-Honoré Fragonard (1732-1806) mit einer Darstellung des Griechischen Theaters. Paris, Privatsammlung.

Proszenium führten, ist nur noch eine erhalten.
Die beiden bei den Ausgrabungen im 18. Jahrhundert entdeckten Marmorhermen, die die Personifizierungen der Tragödie und der Komödie darstellen und sich heute in den Sammlungen der Vatikanischen Museen befinden, dürften zur ursprünglichen Theaterdekoration gehört haben. Diese Zuordnung ist aber ebenso fragwürdig wie beim größten Teil der in der Vergangenheit aufgefundenen Werke. Von einem auf Piranesis Plan eingezeichnetem Anbau, einem rechteckigen Gebäude mit nischenbesetzter Umfassungsmauer sind nur dürftige Spuren hinter der Westseite des griechischen Theaters erhalten.

Bibliographie

Die Bibliographie zur Villa Hadriana ist sehr umfangreich. Auch wenn man die älteren Publikationen bei Seite lässt, wie zum Beispiel die *Descrittione della superba et magnificentissima Villa Tiburtina*, im 16. Jahrhundert von Pirro Ligorio herausgegeben, so bleiben doch als grundlegende Werke die Arbeiten von H. Winnefeld, *Die Villa des Hadrian bei Tivoli*, Berlin 1895, von P. Gusman, *La Villa Impériale de Tibur*, Paris 1904, von H. Kahler, *Hadrian und seine Villa bei Tivoli*, Berlin 1950 und von S. Aurigemma, *Villa Adriana*, Rom 1961. Von den jüngeren Publikationen müssen die nachfolgenden Titel genannt werden, über die sich eine allgemeine Bibliographie zur Villa erschließen lässt, sowie zu den einzelnen Gebäuden und zu besonderen Aspekten des architektonischen Entwurfs, der Verkleidung und bildhauerischen Ausstattung in der Dekoration der Bauten.

G. Lugli, *Villa Adriana*, in BullCom, 55, 1927, S. 139-204
H. Bloch, *I bolli laterizi e la storia edilizia romana*, Rom 1947
E. Salza Prina Ricotti, *Criptoportici e vie sotterranee di Villa Adriana*, in: MEFRA, 14, 1973, S. 219-252
C. Giuliani, P. Verduchi, *Ricerche sull'architettura di Villa Adriana*, in QuadTopRom, VIII, 1975
E. Salza Prina Ricotti, *Villa Adriana nei suoi limiti e nella sua funzionalità*, in: RendPontAccRoma, 51-52, 1978-1979, 1979-1980, S. 237-294
F. Coarelli, Lazio, Rom-Bari 1982, S. 44-72
J. Raeder, *Die statuarische Ausstattung der Villa Hadriana bei Tivoli*, Frankfurt a./M. - Berlin 1983
H. Mielsch, *La villa romana*, Florenz 1990 (it. Übers.)
M. De Franceschini, *Villa Adriana. Mosaici, pavimenti, edifici*, Rom 1991
Sectilia Pavimenta di Villa Adriana, (hrsg. von F. Guidobaldi), Rom 1994
E. Calandra, *Oltre la Grecia. Alle origini del filellenenismo di Adriano*, Perugia 1996
W.L. Mac Donald, J.A. Pinto, *Villa Adriana*, Mailand 1998 (it. Übers.)
Hadrien. *Trésors d'une villa impériale*, Ausstellungskatalog, (hrsg. Von J. Charles-Gaffiot und H. Lavagne), Mailand 1999
Adriano. Architettura e progetto, Ausstellungskatalog, Mailand 2000

Bildnachweis

Die fotografischen
Aufnahmen, dem Archiv der
Soprintendenza Archeologica
per il Lazio entnommen,
wurden von Q. Berti und
A. Briotti gemacht.
Der auf den Seiten 94-95
wiedergegebene Plan ist
von S. Sgalambro.
Der Herausgeber steht, was
eventuelle nicht identifizierte
Abbildungen betrifft, für
Informationen zur Verfügung.

Dieses Buch wurde für Elemond S.p.a.
in der Druckerei Martellago Mondadori Printing S.p.a.,
via Castellana 98, Martellago (Venedig),
im Jahre 2000 gedruckt